Kauderwelsch
Band 16

Torre de San Miguel, Yanguas (Soria)

Impressum

O'Niel V. Som
Spanisch — Wort für Wort
erschienen im REISE KNOW-HOW Verlag Peter Rump GmbH
Osnabrücker Str. 79, D-33649 Bielefeld
info@reise-know-how.de

Bearbeitung	Peter Rump
Layout	Christine Schönfeld
Layout-Konzept	Günter Pawlak, FaktorZwo! Bielefeld
Kartographie	Iain Macneish
Fotos	Archiv TURESPAÑA;
	Seite 160: Raffaela Annanda Faganello de Som;
Druck und Bindung	Werbedruck GmbH Horst Schreckhase, Spangenberg

ISBN: 978-3-8317-6411-2
Printed in Germany

Dieses Buch ist erhältlich in jeder Buchhandlung Deutschlands,
Österreichs, der Schweiz und der Benelux-Staaten. Bitte infor-
mieren Sie Ihren Buchhändler über folgende Bezugsadressen:

Deutschland	Prolit GmbH, Postfach 9, 35461 Fernwald (Annerod)
	sowie alle Barsortimente
Schweiz	AVA-buch 2000, Postfach 27, CH-8910 Affoltern
Österreich	Mohr Morawa Buchvertrieb GmbH,
	Sulzengasse 2, A-1230 Wien
Belgien & Niederlande	Willems Adventure, www.willemsadventure.nl
direkt	Wer im Buchhandel kein Glück hat, bekommt unsere Bücher
	zuzüglich Porto- und Verpackungskosten auch direkt
	über unseren Internet-Shop: **www.reise-know-how.de.**

Zu diesem Buch ist ein **AusspracheTrainer** erhältlich, auf
Audio-CD in jeder Buchhandlung Deutschlands, Österreichs,
der Schweiz und der Benelux-Staaten oder als **MP3-Download**
unter **www.reise-know-how.de**
Der Verlag möchte die **Reihe Kauderwelsch** weiter ausbauen
und **sucht Autoren!** Mehr Informationen finden Sie unter
www.reise-know-how.de/rkh_mitarbeit.php

Kauderwelsch

O'Niel V. Som

Spanisch
Wort für Wort

Zu diesem Buch
ist ein AusspracheTrainer
als **MP3-Download** erhältlich:
www.reise-know-how.de

Auch als **Audio-CD**
im Buchhandel
ISBN 978-3-8317-6008-4

Das gesamte Buch
inkl. AusspracheTrainer gibt es
auch als **CD-ROM:**
ISBN 978-3-8317-6017-6

**REISE KNOW-HOW
im Internet
www.reise-know-how.de
info@reise-know-how.de**

*Aktuelle Reisetipps
und Neuigkeiten,
Ergänzungen nach
Redaktionsschluss,
Büchershop und
Sonderangebote
rund ums Reisen*

Kauderwelsch-Sprechführer sind anders!

Warum? Weil sie Sie in die Lage versetzen, wirklich zu sprechen und die Leute zu verstehen.

Wie wird das gemacht? Abgesehen von dem, was jedes Sprachbuch bietet, nämlich Vokabeln, Beispielsätze etc., zeichnen sich die Bände der Kauderwelsch-Reihe durch folgende Besonderheiten aus:

Die **Grammatik** wird in einfacher Sprache so weit erklärt, dass es möglich wird, ohne viel Paukerei mit dem Sprechen zu beginnen, wenn auch nicht gerade druckreif.

Alle Beispielsätze werden doppelt ins Deutsche übertragen: zum einen **Wort-für-Wort,** zum anderen in „ordentliches" Hochdeutsch. So wird das fremde Sprachsystem sehr gut durchschaubar. Denn in einer fremden Sprache unterscheiden sich z. B. Satzbau und Ausdrucksweise recht stark vom Deutschen. Ohne diese Übersetzungsart ist es so gut wie unmöglich, schnell einzelne Wörter in einem Satz auszutauschen.

Die **Autorinnen** und **Autoren** der Reihe sind Globetrotter, die die Sprache im Land selbst gelernt haben. Sie wissen daher genau, wie und was die Leute auf der Straße sprechen. Deren Ausdrucksweise ist nämlich häufig viel einfacher und direkter als z. B. die Sprache der Literatur oder des Fernsehens.

Besonders wichtig sind im Reiseland **Körpersprache, Gesten, Zeichen** und **Verhaltensregeln,** ohne die auch Sprachkundige kaum mit Menschen in guten Kontakt kommen. In allen Bänden der Kauderwelsch-Reihe wird darum besonders auf diese Art der nonverbalen Kommunikation eingegangen.

Kauderwelsch-Sprechführer sind keine Lehrbücher, aber viel mehr als Sprachführer! Wenn Sie ein wenig Zeit investieren und einige Vokabeln lernen, werden Sie mit ihrer Hilfe in kürzester Zeit schon Informationen bekommen und Erfahrungen machen, die „sprachlosen" Reisenden verborgen bleiben.

Inhalt

Grammatik

Inhalt

Parque del Retiro, Madrid

Vorwort

Sie wollen also nach Spanien fahren. Und ich will Ihnen ein kleines Buch über die Sprache mitgeben, das Ihnen auf der Reise nützlich sein soll. Wenn Sie vorhaben, in einem First-Class-Hotel mit deutscher Bedienung zu wohnen, im Restaurant mit deutscher Küche zu essen und Stadtrundfahrten mit deutscher Reiseleitung zu machen, dann brauchen Sie natürlich kein Spanisch zu lernen.

Aber sehr viel interessanter ist es, auf eigene Faust zu versuchen, das Land zu erkunden und mit den Bewohnern in Kontakt zu kommen. Denn nur so kann man die echte spanische Lebensart kennenlernen.

Dieses Buch ist in drei Abschnitte gegliedert. Mehr dazu auf den folgenden Seiten. Sie können mit den Redewendungen oder mit der Grammatik anfangen, ganz wie Sie wollen. Nebenbei finden Sie eine Menge Hinweise und viele nützliche Tipps.

Und nun wünsche ich Ihnen
¡Buen viaje! (Gute Reise!)

O'Niel V. Som

Hinweise zur Benutzung

Der Kauderwelsch-Band „Spanisch" ist in drei wichtige Abschnitte gegliedert:

Grammatik

Die Grammatik beschränkt sich auf das Wesentliche und ist so einfach gehalten wie möglich. Deshalb sind auch nicht sämtliche Ausnahmen und Unregelmäßigkeiten der Sprache erklärt. Natürlich kann man die Grammatik auch überspringen und sofort mit dem Konversationsteil beginnen. Wenn dann Fragen auftauchen, kann man immer noch in der Grammatik nachsehen.

Hören Sie sich Aussprachebeispiele mit Ihrem Smartphone an! Ausgewählte Kapitel im Konversationsteil sind dafür mit einem QR-Code ausgestattet.

In diesem Teil finden Sie Sätze aus dem Alltagsgespräch, die Ihnen einen ersten Eindruck davon vermitteln sollen, wie Spanisch „funktioniert" und die Sie auf das vorbereiten sollen, was Sie später in Spanien hören werden.

Wort-für-Wort-Übersetzung

Jede Sprache hat ein typisches Satzbaumuster. Um die sich vom Deutschen unterscheidende Wortfolge der Sätze auf Spanisch zu verstehen, ist die Wort-für-Wort-Übersetzung in *kursiver* Schrift gedacht. Jedem spanischen Wort entspricht ein Wort in der Wort-für-Wort-Übersetzung.

Wird ein spanisches Wort im Deutschen durch zwei Wörter wiedergegeben, werden diese zwei Wörter in der Wort-für-Wort-Übersetzung mit einem Bindestrich verbunden.

¿Puede ayudarme?
(er-/sie-)kann helfen-mir
Können Sie mir helfen?

Austauschbare Wörter werden in der Wort-für-Wort-Übersetzung mit Schrägstrich getrennt:

¿Cuánto cuesta una tarjeta postal a Alemania / Austria / Suíza?
wieviel (sie-)kostet eine Karte postalisch zu Deutschland / *Österreich* / *Schweiz*
Wieviel kostet eine Postkarte nach Deutschland / Österreich / Schweiz?

Mit Hilfe der Wort-für-Wort-Übersetzung können Sie bald eigene Sätze bilden. Sie können die Beispielsätze selbst Ihren Bedürfnissen anpassen. Mit einem kleinen bisschen Kreativität und Mut können Sie sich neue Sätze „zusammenbauen", auch wenn das Ergebnis nicht immer grammatikalisch perfekt ausfällt.

Die Wörterlisten am Ende des Buches helfen Ihnen dabei. Sie enthalten einen Grundwortschatz von je ca. 1000 Wörtern Deutsch–Spanisch und Spanisch–Deutsch, mit denen man schon eine ganze Menge anfangen kann. **Wörterlisten**

Die Umschlagklappe hilft, die wichtigsten Sätze und Formulierungen stets parat zu haben. Aufgeklappt ist der Umschlag eine wesentliche Erleichterung, da nun die gewünschte Satzkonstruktion mit dem entsprechenden Vokabular aus den einzelnen Kapiteln kombiniert werden kann.

Wenn alles nicht mehr weiterhilft, dann ist vielleicht das Kapitel „Nichts verstanden? – Weiterlernen!" der richtige Tipp. Es befindet sich ebenfalls im Umschlag, stets bereit, mit der richtigen Formulierung für z. B. „Ich habe leider nicht verstanden" auszuhelfen.

Seitenzahlen
Um Ihnen den Umgang mit den Zahlen zu erleichtern, ist auf jeder Seite die Seitenzahl auch auf Spanisch angegeben!

Die Sprachen Spaniens

Bevor Sie anfangen zu lernen, sollten Sie wissen, was Spanisch eigentlich ist. In Spanien werden folgende Sprachen gesprochen:

Kauderwelsch 140: **Baskisch** **(978-3-89416-509-3)**	**Baskisch (euskara)** *Diese Sprache ist den anderen drei weder ähnlich noch verwandt. Sie stammt noch aus der Zeit, bevor die Römer nach Spanien kamen.*
Kauderwelsch 103: **Galicisch** **(978-3-89416-309-9)**	**Galicisch (galego)** *Diese dem Portugiesischen sehr ähnliche Sprache wird in Galicien gesprochen. 1975 wurden ihre Regeln erstmals in einem Schulbuch normiert, aber schon 1980 in einer zweiten Auflage verändert und verbessert.*
Kauderwelsch 72: **Katalanisch** **(978-3-89416-262-7)**	**Katalanisch (català)** *Katalanisch wird in Katalonien, Andorra, Teilen Südfrankreichs und auf den Balearen gesprochen. Es hat eine lange literarische Tradition, die bis ins frühe Mittelalter zurückreicht.*
Kauderwelsch 124: **Mallorquinisch** **(978-3-89416-324-2)**	**Mallorquinisch (mallorquí)** *Der Dialekt des Katalanischen von Mallorca; dafür gibt es einen speziellen Kauderwelsch-Band.*
(Kauderwelsch 16) *Die spanische Sprache hat zwei verschiedene Namen!*	**Spanisch / Kastilisch (castellano)** *Ursprünglich nur im Hochland von Altkastilien gesprochen, ist dies jetzt die offizielle erste Staatssprache Spaniens. In allen Gegenden Spaniens (auch in Galicien, Katalonien, Baskenland und den Balearen) kann man sich auf Kastilisch verständigen. Man spricht es auch in etwa 20 Ländern Amerikas von Kalifornien bis Argentinien.*

Aussprache & Betonung

Spanier sprechen normalerweise sehr schnell, aber die Aussprache ist trotzdem recht einfach. Die Vokale **a, e, i, o, u** werden immer voll und deutlich ausgesprochen. Auch wenn zwei davon nacheinander stehen, behalten sie ihren Klang.

Zwischen den beiden Vokalen macht man aber keine Sprechpause, sie bilden eine einzige Silbe.

ie	je	**miel**	*mjel*	Honig
ue	ue	**puente**	*puente*	Brücke
ei	ej	**veinte**	*bejnte*	zwanzig

Achten Sie darauf, das **e** auch am Wortende immer voll auszusprechen, also nicht so gemurmelt wie im Deutschen (nicht wie *e* in „Red*e*“).

ch	tsch	**mucho**	*mutscho*	viel
h	(stumm)	**helado**	*elado*	Eis
j	ch	**jugo**	*chugo*	Saft
ll	j	**pollo**	*pojo*	Hähnchen
ñ	nj	**baño**	*banjo*	Badezimmer
qu	k	**que**	*ke*	dass
s	ss	**museo**	*musseo*	Museum
y	j	**yo**	*jo*	ich
z	th (engl.)	**zapato**	*thapato*	Schuh

*Immer als „Ach“-Laut. In Nordspanien auch wie **lj** gesprochen (pol-jo).*

*Immer wie unser scharfes **s** (ß), in Nordspanien leicht nach **sch** anklingend.*

Die Buchstaben **b** und **v** werden im Spanischen immer gleich ausgesprochen, nämlich am Wortanfang wie **b** und im Wortinneren wie **w**.

*Mit **th** (engl.) ist ein stimmloser Lispellaut wie in „thank you“ gemeint.*

vino	*bino*	Wein
robar	*rrowar*	stehlen

Bei **g** bzw. **gu** und bei **c** hängt die Aussprache von dem folgenden Buchstaben ab. Stehen sie vor den hellen Vokalen **e** und **i,** dann gilt:

ce, ci	the, thi	**cine**	*thine*	Kino
ge, gi	che, chi	**gente**	*chente*	Leute
gue, gui	ge, gi	**guerra**	*gerra*	Krieg

Vor den dunklen Vokalen **a**, **o**, **u** sowie vor einem Konsonanten spricht man sie dagegen so aus:

c	k	**como**	*komo*	wie
g	g	**gato**	*gato*	Katze
gu	gu	**guapo**	*guapo*	hübsch

Bekannt ist das stark mit der Zungenspitze gerollte spanische „R". Allerdings gilt diese Aussprache nur für das **r** am Wortanfang sowie für das doppelte **rr** im Wortinneren. Das einfache **r** im Wortinneren wird nur kurz (aber auch mit der Zungenspitze) angeschlagen.

rojo	*rrocho*	rot
perro	*perro*	Hund
pero	*pero*	aber

Regionale und umgangssprachliche Besonderheiten in der Aussprache sollten Sie idealerweise erkennen und verstehen können. Sie müssen Sie aber nicht nachmachen. Viele Spanier sprechen Konsonanten am Wortende undeutlich aus oder lassen sie ganz ausfallen. So werden **s** und **z** am Wortende vor allem in Südspanien oft zu einem h verhaucht oder ganz verschluckt. Auch auslautendes **d** wird meist gar nicht ausgesprochen. Zum Beispiel **verdad** „Wahrheit" klingt dann wie *berda*.

Betonung

Die meisten Wörter enden auf Vokal, **n** oder **s**. Diese werden auf der vorletzten Silbe betont.

camisa	ka-mi-ssa	Hemd
joven	cho-wen	jung

Die übrigen Wörter werden auf der letzten Silbe betont.

mujer	mu-cher	Frau
ciudad	thju-da(d)	Stadt

Wenn allerdings ein Akzentzeichen auf einer Silbe steht, wird diese betont, auch wenn dies den grundsätzlichen Betonungsregeln widerspricht. Akzentzeichen stehen auch zur Unterscheidung von gleichlautenden Wörtern sowie auf allen Fragewörtern.

avión	a-wjon	Flugzeug
cómo	ko-mo	wie?

Zur Rechtschreibung sei hier nur gesagt, dass das erste Wort im Satz und Eigennamen groß geschrieben werden, sonst alles klein. Frage- und Ausrufezeichen stehen zusätzlich am Satzanfang, und zwar auf dem Kopf. Jedem Buchstaben entspricht im Prinzip genau ein Laut. Wenn man sich erst einmal an deren Aussprache gewöhnt hat, kann man also alle Wörter korrekt wiedergeben.

Vier Wörter, die weiterhelfen

Mit den folgenden Ausdrücken kann man schon das Wichtigste auf Spanisch sagen:

¿Tiene ...? — Haben Sie ...?

¿Tiene sellos?	Haben Sie Briefmarken?
¿Tiene postales?	Haben Sie Postkarten?
¿Tiene patatas fritas?	Haben Sie Pommes?

Als Antwort bekommt man zu hören:
sí (ja) oder **no** (nein).

Quiero ... — Ich möchte ...

Aber:
Te quiero *heißt*
„Ich liebe dich!"

Quiero un café.	Ich möchte einen Kaffee.
Quiero una coca.	Ich möchte eine Cola.
Quiero jugo.	Ich möchte Saft.

Zur Verneinung setzt man einfach **no** davor:

No quiero jugo.
Ich möchte keinen Saft.

¿Dónde está ...? Wo ist ...?

¿Dónde está el lavabo?
Wo ist die Toilette?

¿Dónde está la estación?
Wo ist der Bahnhof?

¿Dónde está el ascensor?
Wo ist der Aufzug?

Die häufigsten Richtungsangaben sind:

todo recto	geradeaus
a la izquierda	links
a la derecha	rechts

Man achte aber auch genau auf die Handbewegungen und Gesten.

¿Cuánto cuesta ...? — Wieviel kostet ...?

Die Zahlen finden Sie im Kapitel „Zahlen & Zählen".

¿Cuánto cuesta un billete?
Wieviel kostet eine Eintrittskarte / Fahrkarte?

¿Cuánto cuesta el libro? ¿Cuánto cuesta esto?
Wieviel kostet das Buch? Wieviel kostet das?

Strand von La Oliva, Fuerteventura

Grundsätzliches zur Grammatik

Nach diesen ersten Seiten kann man erste einfache Fragen stellen. Um aber richtige Sätze bilden zu können, sind drei Dinge wichtig:

Wortschatz

Dazu habe ich am Buchende ein Basisvokabular von etwa 1000 Wörtern zusammengestellt. Diese sollten für die normale alltägliche Unterhaltung ausreichen. Es ist natürlich nie falsch, zusätzlich noch ein Wörterbuch mitzunehmen.

Wortformen (Beugung)

Die meisten Wörter können je nach dem grammatischen Zusammenhang ihre Form ändern, z. B. durch Anhängen der Mehrzahl-Endung. Ich habe nur die wichtigsten dieser Formen aufgeführt, um den Anfänger nicht zu überfrachten. So beschränke ich mich etwa bei den Verben auf eine einzige Vergangenheitsform. Es kommt unterwegs schließlich nicht auf eine literarisch ausgefeilte Ausdrucksweise an, sondern darauf, sich effektiv zu verständigen.

Satzbau

Darüber erfahren Sie Näheres auf Seite 43, auf der es um die Reihenfolge der Wörter im Satz bzw. in der Wortgruppe geht.

Kauderwelsch-AusspracheTrainer

Falls Sie sich die wichtigsten spanischen Sätze, die in diesem Buch vorkommen, einmal von einem Spanier gesprochen anhören möchten, brauchen Sie den **AusspracheTrainer** *zu diesem Buch. Sie bekommen ihn als* **MP3-Download** *über unseren Internetshop* **www.reise-know-how.de** *oder auf Audio-CD in Ihrer Buchhandlung. Alle Sätze, die Sie auf dem* **Kauderwelsch-AusspracheTrainer** *hören können, sind in diesem Buch mit einem Ohr ( ) gekennzeichnet.*

Das Hauptwort

Es gibt nur „männliche" und „weibliche" Hauptwörter (Substantive), aber kein Neutrum.

grammatisches Geschlecht

Bei Personen entscheidet das natürliche Geschlecht, bei den übrigen Hauptwörtern kann man das Geschlecht meist an der Wortendung erkennen. Ich verwende folgende Abkürzungen:

m	=	maskulin (männlich)
f	=	feminin (weiblich)
Ez	=	Einzahl
Mz	=	Mehrzahl

Artikel

Wie bei uns gibt es bestimmte und unbestimmte Artikel. Allerdings unterscheiden die Spanier die Geschlechter auch in der Mehrzahl. Die Artikel stehen vor den Hauptwörtern.

*Es gibt allerdings einen sächlichen Artikel **lo**. Man verwendet ihn, wenn man Eigenschaftswörter, die sich nicht auf konkrete Dinge beziehen, wie ein Hauptwort im Satz verwendet, z. B.: **lo importante** „das Wichtige = das, was wichtig ist". Dieser „neutrale" Artikel kann noch zur untenstehenden Artikel-Tabelle ergänzt werden. Er hat keine Mehrzahl.*

bestimmter Artikel				
	männlich		weiblich	
Einzahl	**el**	der	**la**	die
Mehrzahl	**los**	die	**las**	die
unbestimmter Artikel				
	männlich		weiblich	
Einzahl	**un**	ein	**una**	eine
Mehrzahl	**unos**	einige	**unas**	einige

Spanisch hat, anders als das Deutsche, eine Mehrzahlform des unbestimmten Artikels. Man übersetzt sie mit „einige".

Diese enden meist auf -o, -r, -l, -n.

männliche Hauptwörter

el libro	das Buch
un libro	ein Buch
los libros	die Bücher
unos libros	einige Bücher

Diese enden meist auf -a, -d, -z oder -ión.

weibliche Hauptwörter

la chica	das Mädchen
una chica	ein Mädchen
las chicas	die Mädchen
unas chicas	einige Mädchen

Diese können männlich oder weiblich sein.

Hauptwörter auf -e

la leche *f*	die Milch
el cine *m*	das Kino

Weibliche Hauptwörter, die mit betontem a- bzw. ha- beginnen, haben aus Aussprachegründen in der Einzahl den Artikel el: **el agua** *w „das Wasser“,* **el hambre** *w „der Hunger“.*

wichtige Ausnahmen

la mano *f*	die Hand
el avión *m*	das Flugzeug
el día *m*	der Tag
el camión *m*	der Lastwagen
la flor *f*	die Blume

Endet das Wort auf einen Vokal (a, e, i, o, u), wird die Endung -s angehängt, endet es auf einen Konsonanten, lautet sie -es.

Mehrzahl

libro	Buch
libros	Bücher
ciudad	Stadt
ciudades	Städte

Das Eigenschaftswort

Eigenschaftswörter (Adjektive) richten sich in Geschlecht und Zahl nach dem Hauptwort, auf das sie sich beziehen. Es gibt zwei Gruppen:

Adjektive auf -o

Sie haben eine weibliche Form auf **-a.** Die Mehrzahlendungen lauten entsprechend **-os** und **-as.**

el libro pequeño
der Buch klein
das kleine Buch

los libros pequeños
die Bücher kleine
die kleinen Bücher

la chaqueta pequeña
die Jacke klein
die kleine Jacke

las chaquetas pequeñas
die Jacken kleine
die kleinen Jacken

andere Adjektive

Sie haben nur eine Form für männlich und weiblich, die Mehrzahlform endet auf **-(e)s.**

-s bei Adjektiven, die auf -e auslauten, -es bei Adjektiven auf Konsonant.

el libro azul
der Buch blau
das blaue Buch

los libros azules
die Bücher blaue
die blauen Bücher

la chaqueta azul
die Jacke blau
die blaue Jacke

las chaquetas azules
die Jacken blaue
die blauen Jacken

„Irgendein" und „kein" sind streng genommen keine Adjektive, zeigen aber das gleiche Verhalten bei der Kürzung.

Wie man oben gesehen hat, stehen Adjektive nach dem Hauptwort, also genau andersherum als im Deutschen. Einige wenige können aber auch davor stehen und haben dann eine verkürzte Form:

grande	groß	**un gran cantante**	ein großer Sänger
primero	erste	**el primer piso**	die erste Etage
bueno	gut	**buen tiempo**	gutes Wetter
malo	schlecht	**mal tiempo**	schlechtes Wetter
alguno	irgendein	**algún coche**	irgendein Wagen
ninguno	kein	**ningún chico**	kein Junge

Steigern & Vergleichen

*Der Komparativ („mehr") und der Superlativ („am meisten") unterscheiden sich nur durch den bestimmten Artikel bei letzterem. Wenn aber ein Hauptwort, das sowieso einen Artikel hat, von einem Eigenschaftswort im Superlativ begleitet wird, gibt es keinen Unterschied: **el coche más caro** „das teurere Auto / das teuerste Auto".*

Zum Steigern braucht man das Wort **más** (mehr) und zum „Übertreiben" die Endung **-ísimo.** In der Mehrzahl noch ein **-s** anhängen.

männlich	
caro	teuer
más caro	teurer
el más caro	der teuerste
carísimo	extrem teuer

weiblich	
cara	teuer
más cara	teurer
la más cara	die teuerste
carísima	extrem teuer

más — mehr

In Vergleichssätzen („mehr … als") steht **que** für unser Bindewort „als":

Manolo es más timido que Rolando.
Manolo (er-)ist mehr schüchtern als Rolando
Manolo ist schüchterner als Rolando.

Cecilia es la más hermosa de todas.
Cecilia (sie-)ist die mehr schön von alle(f)
Cecilia ist die schönste von allen.

muy — sehr

Ähnlich wie **-ísimo,** aber nicht so übertrieben:

Carmen es muy bella.   Josefa es bellísima.
Carmen ist sehr schön. Josefa ist wunderschön.

mucho — viel

Während **muy** bei Adjektiven steht, benutzt man **mucho** bei Verben. Bei Hauptwörtern dient es als Mengenangabe.

La ensalada me gusta mucho.
die Salat mir (sie-)gefällt viel
Der Salat schmeckt mir sehr.

Tengo muchos amigos.   **mucha gente**
(ich-)habe viele Freunde   *viel Volk*
Ich habe viele Freunde.   viele Leute

Beachten Sie, dass im Spanischen Adjektive immer in Zahl und Geschlecht mit ihrem Hauptwort übereinstimmen, also auch dann, wenn sie von ihm durch das Hilfsverb „sein" getrennt stehen (anders als im Deutschen.

Bei Hauptwörtern verändert es wie ein Adjektiv seine Form.

Das Verb in der Gegenwart

Die spanischen Verben haben in der Grundform (Infinitiv) eine der folgenden Endungen:

*Diese Grundform ist einerseits der „Name" des Verbs und steht als solcher im Wörterbuch. Andererseits wird sie auch im Satz gebraucht, und zwar in der Regel als Ergänzung zu Hilfsverben. Bei manchen Verben gehört noch dazu das rückbezügliche Wörtchen **-se** (sich) als Anhängsel.*

-ar	hablar	sprechen
-er	comer	essen
-ir	vivir	leben

Personalendungen

Die Gegenwartsformen aller regelmäßigen Verben werden durch Anhängen eines bestimmten Satzes von Endungen an den Stamm gebildet. Dabei gibt es kleine Unterschiede je nach Endung der Grundform. Persönliche Fürwörter für das Subjekt sind dabei nicht notwendig.

hablar (-ar) — sprechen

habl-o	ich spreche	habl-amos	wir sprechen
habl-as	du sprichst	habl-áis	ihr sprecht
habl-a	er / sie spricht	habl-an	sie sprechen

comer (-er) — essen

com-o	ich esse	com-emos	wir essen
com-es	du isst	com-éis	ihr esst
com-e	er / sie isst	com-en	sie essen

vivir (-ir) — leben

viv-o	ich lebe	viv-imos	wir leben
viv-es	du lebst	viv-ís	ihr lebt
viv-e	er / sie lebt	viv-en	sie leben

Klassenverben

Bei einigen Verben mit regelmäßigen Endungen verändert sich der Stammvokal. Davon betroffen sind nur die „stammbetonten" Formen der Gegenwart, d. h. erste bis dritte Person Einzahl, dritte Person Mehrzahl. Bei den „endungsbetonten" Formen (erste und zweite Person Mehrzahl) bleibt der Stammvokal wie im Infinitiv.

e wird zu ie: empezar — anfangen	
empiezo	empezamos
empiezas	empezáis
empieza	empiezan

o wird zu ue: dormir — schlafen	
duermo	dormimos
duerme	dormís
duermes	duermen

Weitere Verben aus diesen beiden Gruppen:

e → ie		o → ue	
pensar	denken	encontrar	finden, treffen
entender	verstehen	volver	zurückkommen
perder	verlieren	almorzar	zu Mittag essen
sentir	fühlen, bedauern	probar	versuchen
cerrar	schließen	poder	können, dürfen
preferir	vorziehen	contar	zählen, erzählen
querer	wollen, lieben	morir	sterben
sentarse	sich setzen	soñar	träumen
despertarse	aufwachen	costar	kosten

Das Verb in der Gegenwart

Unregelmäßige Verben

Besonders häufig gebrauchte Wörter schleifen sich mit der Zeit ab und machen Veränderungen durch, die nicht den üblichen Regeln entsprechen. Sie sollten sich die Gegenwartsformen der folgenden Verben gut einprägen:

	ir (gehen)	**tener** (haben)	**venir** (kommen)	**decir** (sagen)	**dar** (geben)
ich	**voy**	**tengo**	**vengo**	**digo**	**doy**
du	**vas**	**tienes**	**vienes**	**dices**	**das**
er / sie	**va**	**tiene**	**viene**	**dice**	**da**
wir	**vamos**	**tenemos**	**venimos**	**decimos**	**damos**
ihr	**vais**	**tenéis**	**venís**	**decís**	**dais**
sie	**van**	**tienen**	**vienen**	**dicen**	**dan**

Nebenstehende Verben sind nur in der „ich-“ Form unregelmäßig, alle anderen Personen sind regelmäßig. Einzige Ausnahme ist oír:
oyes *„du hörst“,*
oye *„er / sie hört“,*
oyen *„sie hören“.*

caer	**caigo**	ich falle
conocer	**conozco**	ich kenne
hacer	**hago**	ich mache
oír	**oigo**	ich höre
poner	**pongo**	ich stelle / lege
saber	**sé**	ich weiß
salir	**salgo**	ich gehe weg
traer	**traigo**	ich bringe
ver	**veo**	ich sehe

Conducir dient als Beispiel für alle Verben auf **-cer / -cir**.

conducir	**conduzco**	ich führe / leite

Wie wendet man verschiedenen Personalformen der Verben nun an?

Einzahl – Mehrzahl

Wie bei den Hauptwörtern unterscheidet man zwischen *einer* Person oder Sache und *mehreren*. Allerdings bezieht sich dies beim Verb auf die handelnde Person (das Subjekt des Satzes).

Stammvokal	**llega**	er / sie kommt
Stammvokal + **-n llegan**		sie kommen

*Bei den Verben auf **-ir** muss man allerdings hier als Stammvokal bei den Formen mit Stammbetonung e einsetzen (während bei den Formen mit Endungsbetonung der Vokal der Grundform i erhalten bleibt).*

Anredeformen

Man unterscheidet wie bei uns eine familiäre und eine höfliche Anredeform. Jüngere Leute duzen sich eigentlich immer. In Geschäften und Ämtern, aber auch älteren Personen gegenüber verwendet man besser das höfliche „Sie".

Stammvokal	**viene**	Sie kommen (höfliches Sie; Ez.)
Stammvokal + **-n vienen**		Sie kommen (höfliches Sie; Mz.)
Stammvokal + **-s vienes**		du kommst

Auch wenn Spanier sehr unkompliziert sind, sollte man als Außenstehender etwas höflicher auftreten als die Mitglieder des „inneren Zirkels".

die eigene Person

Reden Sie über sich selbst oder über die Gruppe, der Sie angehören, dann benutzen Sie die nachfolgende Grundregel. Beachten Sie dabei aber, dass das **-o** der „ich"-Form immer den Stammvokal des Verbs unterdrückt:

Verbstamm + **-o**	**vivo**	ich lebe
Verbstamm + **-mos**	**vivimos**	wir leben

Aufforderungen

Die häufigsten Aufforderungen, die man kennen sollte, werden leider von den unregelmäßigen Verben gebildet. Daher gebe ich nur die einfachste Form an, nämlich die für die höfliche Anrede mit „Sie". Fordert man mehrere Leute auf, wird daran noch **-n** angehängt. Zur Verneinung (d. h. für „Verbote") stellt man **no** („nicht") vor das Verb in der unveränderten höflichen Befehlsform.

*An einige dieser Verbformen fügt man üblicherweise noch **-me** an, also die Objekt-Form des persönlichen Fürworts („mir", „mich").*

¡Venga!	Kommen Sie!
¡Vengan!	Kommen Sie! *(Mz)*
¡No venga!	Kommen Sie nicht! *(Ez)*
¡No vengan!	Kommen Sie nicht! *(Mz)*
¡Tenga!	Hier haben Sie (es)!
¡Díga(me)!	Sagen Sie (mir)!
¡Hága(me) ... !	Machen Sie (mir) ... !
¡Oiga!	Hören Sie!
¡Ponga ... !	Stellen / Legen / Setzen Sie!
¡Tráiga(me) ... !	Bringen Sie (mir) ... !
¡Sea ... !	Seien Sie ... !

Bei den regelmäßigen Verben beruht die Bildung der höflichen Befehlsformen auf einem Wechsel des Stammvokals:

Die „familiären" Befehlsformen der zweiten Person Ein- und Mehrzahl sollen hier nicht behandelt werden, um es nicht zu kompliziert zu machen. Bei diesen Ausdrücken ändert sich übrigens bei der Verneinung die Verbform noch ein weiteres Mal.

Grundform	Aufforderung	
-ar	-e	
-er	-a	
-ir	-a	
tomar	¡Tome!	Nehmen Sie!
disculpar	¡Disculpe!	Entschuldigen Sie!
comer	¡Coma!	Essen Sie!
abrir	¡Abra!	Öffnen Sie!

Das Hilfsverb „sein"

Für das deutsche „sein" gibt es im Spanischen gleich zwei verschiedene Verben: **ser** und **estar**.

ser			

soy	ich bin	somos	wir sind
eres	du bist	sois	ihr seid
es	er / sie ist	son	sie sind

Man verwendet **ser** für:

1.)	dauerhafte Eigenschaften (Charakter, Ausmaße, Farben, usw.)
2.)	Beruf, Nationalität, Religion
3.)	Identifikation und Herkunft

La casa es blanca y pequeña.
die Haus (sie-)ist weiß und klein
Das Haus ist weiß und klein.

Isabel es muy simpática.   Pepe es divertido.
Isabel ist sehr sympathisch. Pepe ist lustig.

Yo soy estudiante, Carlos es empleado.
ich (ich-)bin Student Carlos (er-)ist Angestellter
Ich bin Student, Carlos ist Angestellter.

Soy Vera Velázquez.   **Soy de Murcia.**
(ich-)bin Vera Velázquez   *(ich-)bin von Murcia*
Ich bin Vera Velázquez.   Ich bin aus Murcia.

Este es mi perro / coche / amigo.
dieser (er-)ist mein Hund / Wagen / Freund
Das ist mein Hund / Auto / Freund.

estar			
estoy	ich bin	**estamos**	wir sind
estás	du bist	**estáis**	ihr seid
está	er / sie ist	**están**	sie sind

Das Verb **estar** wird gebraucht für:

1.)	bestimmte Ortsangaben

2.)	körperliches Befinden, Krankheit, Stimmung

3.)	vorübergehende Zustände

Estamos muy cansados.
(wir-)sind sehr müde
Wir sind sehr müde.

María está bien, pero Jorge tiene la tos.
María (sie-)ist gut aber Jorge (er-)hat die Husten
María geht es gut, aber Jorge hat Husten.

El cine Asturias está en la calle Alfonso.
der Kino Asturias (er-)ist in die Straße Alfonso
Das Asturias-Kino ist in der Alfonso-Straße.

Altstadt von Altea (Alicante)

Weitere Hilfsverben

Weitere wichtige Hilfsverben sind z. B.:

hay (es gibt)

hay drückt die Existenz von Dingen oder Personen aus („es gibt"). Die entsprechenden Hauptwörter stehen meist mit dem unbestimmten Artikel oder auch mit Zahlwörtern. Sehr häufig wird **hay** mit konkreten Ortsangaben verbunden („es gibt hier ein …").

¿Hay cerveza?
es-gibt Bier
Gibt es Bier? / Haben Sie Bier?

En la calle hay una farmacia.
in die Straße es-gibt eine Apotheke
In der Straße gibt es eine Apotheke.

Als Anfänger kann man leicht den Gebrauch von **hay** und **está** verwechseln, vor allem, wenn sie mit konkreten Ortsangaben stehen. **está** bedeutet „sein" bzw. „sich befinden" und bezieht sich auf Hauptwörter mit bestimmtem Artikel.

Die Reihenfolge der Wörter im Satz spielt hier keine Rolle. Man kann genauso sagen:
Hay una farmacia en la calle *und* **En la calle está la parada.**

La parada está en la calle.
die Haltestelle (sie-)ist in die Straße
Die Haltestelle ist in der Straße.

Mit der Wendung **hay que** (+ Grundform des Verbs) bildet man unpersönliche Ausdrücke der Notwendigkeit („man muss", „es ist nötig").

Hay que tomar la primera a la izquierda.
es-gibt dass nehmen die erste zu die linke
Man muss die erste Straße links nehmen.

tener que (müssen)

Wenn Sie „müssen" in persönlich gebeugter Form benötigen („ich muss" usw.), verwenden Sie den Ausdruck **tener que** „haben dass".

tengo que bajar	ich muss aussteigen
tienes que bajar	du musst aussteigen
tiene que bajar	er / sie muss aussteigen
tenemos que bajar	wir müssen aussteigen
tenéis que bajar	ihr müsst aussteigen
tienen que bajar	sie müssen aussteigen

poder (dürfen / können)

Damit drückt man eine Erlaubnis („dürfen") oder eine Möglichkeit aus („können" im Sinne von: „weil ich nicht daran gehindert werde").

puedo (fumar aquí)	ich darf (hier rauchen)
puedes	du darfst
puede	er / sie darf
podemos	wir dürfen
podéis	ihr dürft
pueden	sie dürfen

Die meisten Hilfsverben werden im Satz mit der Grundform eines Vollverbs kombiniert, das die Hauptbedeutung des Ausdrucks trägt. Das ist für den Anfänger sehr praktisch. Wenn man nämlich die Beugung des entsprechenden Vollverbs nicht parat hat, kann man sich elegant mit einer sinnvollen Hilfsverb-Konstruktion behelfen und benötigt dann nur noch den Infinitiv des Vollverbs.

Das Verb **tener** *„haben" ist im Spanischen kein grammatisches Hilfsverb wie im Deutschen. Es entspricht nur unserem „besitzen". Für zusammengesetzte Zeiten („ich habe gegessen") benutzt man im Spanischen ein anderes Hilfsverb.*

saber (wissen / können)

Die Grundbedeutung dieses Verbs ist „wissen". Zugleich drückt man damit aber auch „können" im Sinne einer erlernten Fähigkeit aus.

sé (tocar el piano)	ich kann (Klavier spielen)
sabes	du kannst
sabe	er / sie kann
sabemos	wir können
sabéis	ihr könnt
saben	sie können

querer (wollen)

Dieses Hilfsverb wird wie im Deutschen verwendet. Höflicher ist allerdings **quería** *bzw.* **quisiera** *(ich möchte).*

quiero (ver la película)	ich will (den Film sehen)
quieres	du willst
quiere	er / sie will
queremos	wir wollen
queréis	ihr wollt
quieren	sie wollen

acabar de (gerade etwas getan haben)

Hiermit wird eine gerade stattgefundene Handlung ausgedrückt. Wörtlich „aufhören von".

Dies ist für Sie die einfachste Methode, eine sehr nahe Vergangenheit auszudrücken.

acabo de llegar	ich bin gerade angekommen
acabas	du bist ...
acaba	er / sie ist ...
acabamos	wir sind ...
acabáis	ihr seid ...
acaban	sie sind ...

In Kürze: die anderen Zeiten

Zuerst ein paar allgemeine Zeitangaben:

ayer	gestern
anteayer	vorgestern
antes	damals
la última vez	letztes Mal
anoche	gestern Abend
todavía, **aún**	noch
todavía no	noch nicht
ya	schon
ya no	nicht mehr
siempre	immer
la semana pasada *die Woche vergangen*	letzte Woche
el mes pasado *der Monat vergangen*	letzten Monat
el año pasado *der Jahr vergangen*	letztes Jahr

Es gibt im Spanischen mehrere Zeitformen für die Vergangenheit, die sich alle im Gebrauch etwas unterscheiden. Nur auf eine möchte ich hier näher eingehen, nämlich auf das **indefinido.** Man braucht es für abgeschlossene Ereignisse in der Vergangenheit. Leider ist es nicht die grammatikalisch korrekte Form, um länger andauernde Vorgänge oder die jüngste Vergangenheit zu beschreiben. Aber für den Anfang reicht sie für die Verständigung völlig aus.

In Kürze: die anderen Zeiten

*In der Vergangenheit lauten die Personen-endungen der Verben völlig anders als in der Gegenwart. Die Verben auf **-er** und **-ir** haben den exakt gleichen Endungssatz. Unglücklicherweise wimmelt es hier von unregelmäßigen Verbformen. Die wichtigsten dieser Formen finden Sie im Anhang auf Seite 133.*

comprar (-ar)	kaufen
compr-é	ich kaufte
compr-aste	du kauftest
compr-ó	er / sie kaufte
compr-amos	wir kauften
compr-asteis	ihr kauftet
compr-aron	sie kauften

comer (-er)	essen
com-í	ich aß
com-iste	du aßt
com-ió	er / sie aß
com-imos	wir aßen
com-isteis	ihr aßt
com-ieron	sie aßen

Während manche derartige Vergangenheitsformen im Deutschen sehr hochgestochen klingen, sind ihre Gegenstücke im Spanischen ganz alltäglich.

Ayer me compré un traje de baño.
gestern mir (ich-)kaufte ein Anzug von Bad
Gestern kaufte ich mir einen Badeanzug.

Für erst kurz vergangene Ereignisse, die z. B. noch am gleichen Tag geschehen sind, benutzt man genau wie im Deutschen eine zusammengesetzte Zeitform, gebildet aus den Personalformen des Hilfsverbs **haber** („haben") und dem Partizip der Vergangenheit.

*Diese Formen sind im Spanischen nicht so häufig wie im Deutschen. Alle Verben bekommen als Hilfsverb **haber.** Unregelmäßige Partizipien finden Sie ebenfalls auf Seite 133.*

he comprado	ich habe gekauft
has comprado	du hast gekauft
ha comprado	er / sie hat gekauft
hemos comprado	wir haben gekauft
habéis comprado	ihr habt gekauft
han comprado	sie haben gekauft

Auch für die Zukunft gibt es im Spanischen zwei Zeitformen: eine zusammengesetzte (für die nähere Zukunft) und eine aus reinen Beugungsformen. Wir beschränken uns hier auf erstere. Man bildet mit den Personalformen von **ir** „gehen" + **a** + Grundform des Vollverbs.

voy a leer	ich werde lesen
vas a leer	du wirst lesen
va a leer	er / sie wird lesen
vamos a leer	wir werden lesen
vais a leer	ihr werdet lesen
van a leer	sie werden lesen

Es ist im Spanischen nicht so leicht möglich wie im Deutschen, die Gegenwartszeit für zukünftige Handlungen zu benutzen, sobald der Satz eine passende Zeitangabe enthält. Bei Verben des Gehens und Kommens ist das aber machbar.

Mañana voy a la discoteca.
morgen (ich-)gehe zu die Diskothek
Morgen gehe ich in die Disco.

mañana	morgen
pasado mañana	übermorgen
pronto	bald
más tarde	später
después	nachher
luego, **entonces**	dann
al final	schließlich
la semana que viene	nächste Woche
die Woche dass (sie-)kommt	

Die Fürwörter

In den bisherigen Kapiteln sind wir ohne Fürwörter ausgekommen, da sie – zumindest in Subjektfunktion – im Satz nicht unbedingt nötig sind. Entscheidend ist es, dass die Endung des Verbs stimmt. Zur Hervorhebung und nach Verhältniswörtern braucht man sie aber doch.

Persönliche Fürwörter			
Einzahl		**Mehrzahl**	
yo	ich	**nosotros**	wir
tú	du	**vosotros**	ihr
él	er	**ellos**	sie *(m)*
ella	sie	**ellas**	sie *(f)*
usted	Sie *(höfl.)*	**ustedes**	Sie *(höfl.)*

Dies sind die Formen, wie sie für den Satzgegenstand (das Subjekt) benutzt werden. In Kombination mit Verhältniswörtern haben lediglich „ich" und „du" abweichende Formen.

In Verbindung mit dem Verhältniswort **con** *(mit) benutzt man die beiden besonderen Formen* **conmigo** *(mit mir) und* **contigo** *(mit dir). Alle anderen Personen funktionieren hier ganz normal:* **con él** *(mit ihm).*

para mí	für mich
para ti	für dich
para él	für ihn
para nosotros	für uns
para ustedes	für Sie

Yo tomo cerveza, pero ella toma café.
ich (ich-)nehme Bier aber sie (sie-)nimmt Kaffee
Ich trinke Bier, aber sie trinkt Kaffee.

wen? / wem?

Fürwörter, die für die Satzergänzung (das Objekt) stehen, können nicht weggelassen werden. Sie stehen im Normalfall vor dem Verb, werden aber bei Aufforderungen sowie bei der Grundform des Verbs diesem angehängt und als ein Wort geschrieben. Einen Wen- und Wem-Fall unterscheidet man nur in der dritten Person Einzahl (**lo** / **la** vs. **le**) und Mehrzahl.

*In Zentralspanien (Kastilien) sagt man meist **le** für „ihn" (Frage „wen?") bei männlichen Personen in der Einzahl, **lo** dagegen nur bei Gegenständen männlichen Geschlechts. Sie sollten diese Verkomplizierung ignorieren; sie ist auch von der offiziellen Grammatik nicht vorgeschrieben.*

Einzahl		Mehrzahl	
me	mich, mir	**nos**	uns
te	dich, dir	**os**	euch
lo	ihn (*auch* es)	**los**	sie (*m Mz*)
la	sie (*f*)	**las**	sie (*f Mz*)
le	ihm, ihr, Ihnen	**les**	ihnen, Ihnen

Veo un árbol.
(ich-)sehe ein Baum
Ich sehe einen Baum.

Lo veo.
ihn (ich-)sehe
Ich sehe ihn.

Puedo verlo.
(ich-)kann sehen-ihn
Ich kann ihn sehen.

El camarero trae una sopa.
der Kellner (er-)bringt eine Suppe
Der Kellner bringt eine Suppe.

Me la trae.
mir sie (er-)bringt
Er bringt sie mir.

Tráigalo.
(er-/sie-)bringe-ihn
Bringen Sie es.

Tráigamelo.
(er-/sie-)bringe-mir-ihn
Bringen Sie es mir.

Démelo.
(er-/sie-)gebe-mir-ihn
Geben Sie es mir.

La busco.
sie (ich-)suche
Ich suche sie.

Voy a buscarla.
(ich-)gehe zu suchen-sie
Ich werde sie suchen.

Me ves.
mich (du-)siehst
Du siehst mich.

Rückbezügliche Fürwörter

Nicht alle Verben, die im Spanischen rückbezüglich sind, sind es auch im Deutschen und umgekehrt. Beispiele:
llamarse *(heißen),*
quedarse *(bleiben),*
levantarse *(aufstehen),*
irse *(weggehen).*

Ein rückbezügliches Fürwort benutzt man, wenn das Objekt, auf das es sich bezieht, identisch mit dem Subjekt des Satzes ist. Es gibt viele Verben, die sozusagen von Haus aus rückbezüglich sind. Man erkennt sie an dem angehängten Fürwort **-se** („sich") in der Grundform. In den personengebeugten Formen des Verbs verhält sich das rückbezügliche genau wie das persönliche Fürwort. Man benutzt **se** auch in unpersönlichen Audrücken wie unser „man".

In Kombination mit Verhältniswörtern benutzt man die rückbezügliche Form **sí** *(***para sí** *„für sich selbst"), mit* **con** *jedoch* **consigo** *(„mit sich selbst").*

sentarse	sich setzen
me siento	ich setze mich
te sientas	du setzt dich
se sienta	er / sie setzt sich
nos sentamos	wir setzen uns
os sentáis	ihr setzt euch
se sientan	sie setzen sich

Beatriz se lava las manos.
Beatriz sich (sie-)wäscht die Hände
Beatriz wäscht sich die Hände.

Se venden pisos aquí.
sich (sie-)verkaufen Wohnungen hier
Hier werden Wohnungen verkauft.

¿Se puede fumar?
sich (es-)darf rauchen?
Darf man rauchen?

Besitzanzeigende Fürwörter

Die besitzanzeigenden Fürwörter begleiten Hauptwörter auf dieselbe Weise wie Eigenschaftswörter. Immer wenn das Hauptwort in der Mehrzahl steht, wird dem besitzanzeigenden Fürwort ebenfalls ein **-s** angehängt. Zusätzlich passen sich **nuestro** und **vuestro** auch im Geschlecht dem Hauptwort an.

mi	mein	**nuestro / -a**	unser *(m/f)*
tu	dein	**vuestro / -a**	euer *(m/f)*
su	sein / ihr / Ihr	**su**	ihr / Ihr

Hier nun einige Anwendungsbeispiele:

mi coche	mein Auto
mis coches	meine Autos
tu amigo	dein Freund
tus amigos	deine Freunde
nuestro piso	unsere Wohnung
nuestros pisos	unsere Wohnungen
nuestra relación	unsere Beziehung
nuestras relaciones	unsere Beziehungen
vuestro perro	euer Hund
vuestros perros	eure Hunde
su casa	sein / ihr / Ihr Haus
sus casas	seine / ihre / Ihre Häuser

Die meisten Fürwörter haben längere Formen, wenn sie vom Hauptwort durch das Hilfsverb „sein" getrennt stehen. Diese passen sich stets auch im Geschlecht dem Hauptwort an.

mío(s), mía(s) *meins,* **tuyo(s), tuya(s)** *deins,* **suyo(s), suya(s)** *seins, ihres.*

„dies" und „das"

Man unterscheidet drei Entfernungsgrade.

esto — dies (nahe beim Sprechenden)	
este coche	dieser Wagen
esta chica	dieses Mädchen
estos señores	diese Herren
estas flores	diese Blumen

Die Formen in den Tabellen verhalten sich wie Eigenschaftswörter und begleiten die Hauptwörter, auf die sie sich beziehen.

eso — das da (nahe beim Angesprochenen)	
ese árbol	der Baum da
esa casa	das Haus da
esos hombres	die Männer da
esas rosas	die Rosen da

aquello — jenes (weit weg von beiden)	
aquel pueblo	jenes Dorf
aquella noche	jene Nacht
aquellos trenes	jene Züge
aquellas maletas	jene Koffer

Unter „allgemeinem Bezug" versteht man hier Situationen wie „das da, worauf ich gerade zeige" oder „jene Sache, von der wir mal gesprochen haben").

Die Formen **esto, eso, aquello** haben ganz allgemeinen Bezug und stehen nur selbständig.

¿Qué es esto?   **Esto es un disco.**
Was ist dies?   Dies ist eine Schallplatte.

aquí	hier
ahí	da
allí	dort

Der Satzbau

Die normale Wortstellung im Spanischen ist Subjekt – Prädikat – Objekt. Subjekts-Fürwörter werden in den meisten Fällen weggelassen.

Felisa vino ayer.   **(Yo) veo a Sabine.**
Felisa kam gestern.   Ich sehe Sabine.

Ein Fürwort als Objekt steht vor dem Verb, und das Verneinungswort **no** ebenfalls. Letzteres geht auch dem Objekts-Fürwort noch voraus.

Te quiero.   **No lo encuentro.**
dich (ich-)liebe   *nicht es (ich-)finde*
Ich liebe dich.   Ich finde es nicht.

Hilfs- und Vollverb stehen direkt zusammen:

Antonio quiere comprar un periódico.
Antonio (er-)will kaufen ein Zeitung
Antonio will eine Zeitung kaufen.

El médico sabe hablar alemán.
der Arzt (er-)weiß sprechen deutsch
Der Arzt kann Deutsch sprechen.

Adjektive stehen meist nach dem Hauptwort:

La chica morena toma leche.
die Mädchen dunkel (sie-)nimmt Milch
Das dunkelhaarige Mädchen trinkt Milch.

Fragen

Jeder Fragesatz beginnt im Schriftbild mit einem Fragezeichen, das auf dem Kopf steht.

Entscheidungsfrage

Sie enthält kein spezielles Fragewort und wird im Allgemeinen nur mit „ja" oder „nein" beantwortet. Die Wortstellung ist die gleiche wie im entsprechenden Aussagesatz. Nur die Tonlage steigt zum Satzende hin an.

El tren llega a la una y veinte.
der Zug (er-)ankommt zu die eins und zwanzig
Der Zug kommt um 13:20 Uhr.

¿El tren llega a la una y veinte?
der Zug (er-)ankommt zu die eins und zwanzig
Kommt der Zug um 13:20 Uhr?

Ergänzungsfrage

Das sind Fragen mit konkreten Fragewörtern. Als Antwort reicht „ja" oder „nein" nicht aus, es wird eine genaue Angabe (Ergänzung) erwartet.

qué	was	**cuándo**	wann
quién	wer	**dónde**	wo
cuál	welcher	**de dónde**	woher
cómo	wie	**adónde**	wohin
por qué	warum	**cuántos / -as**	wieviele

Hier einige Beispiele mit möglichen Antworten:

¿Qué es esto?
was (es-)ist dies
Was ist das hier?

¿Qué es eso?
was (es-)ist das
Was ist das da?

¿Qué es aquello?
was (es-)ist jenes
Was ist das dort?

¿Cómo te llamas?
wie dich (du-)rufst
Wie heißt du?

Me llamo O'Niel.
mich (ich-)rufe O'Niel
Ich heiße O'Niel.

¿Dónde vives?
wo (du-)lebst
Wo lebst du?

Vivo en Alemania.
(ich-)lebe in Deutschland
Ich lebe in Deutschland.

¿Cuándo llega el autobús para Madrid?
wann (er-)ankommt der Bus für Madrid
Wann kommt der Bus nach Madrid?

En diez minutos.
in zehn Minuten
In zehn Minuten.

¿Adónde vas mañana?
wohin (du-)gehst morgen
Wohin fährst du morgen?

Al puerto de Cádiz.
zum Hafen von Cádiz
Zum Hafen von Cádiz.

¿Por qué estás aquí?
durch was (du-)bist hier
Warum bist du hier?

Estoy de vacaciones.
(ich-)bin von Ferien
Ich mache hier Ferien.

¿Cuál reloj te gusta más?
welcher Uhr dir (er-)gefällt mehr
Welche Uhr gefällt dir besser?

Él de la izquierda.
der von die linke
Die links.

Die Verneinung

Das Verneinungswort **no** bedeutet sowohl „nein" als auch „nicht" / „kein". Als Verneinung steht es, anders als im Deutschen, vor dem Verb.

no — nein / nicht

¿Me acompañas?
mich (du-)begleitest
Begleitest du mich?

No.
nein
Nein.

No tengo tiempo.
nicht (ich-)habe Zeit
Ich habe keine Zeit.

¿No tienes ganas?
nicht (du-)hast Lust
Hast du keine Lust?

nada / nadie — nichts / niemand

In diesen Fällen wird im Spanischen doppelt verneint. Die Standardverneinung **no** ist erforderlich und steht wie immer vor dem Verb. Die bedeutungtragenden Verneinungswörter **nada** und **nadie** stehen dagegen nach dem Verb Im Spanischen bleibt eine doppelte Verneinung immer eine Verneinung.

*Steht allerdings ein solches Verneinungswort aus Betonungsgründen mal doch vor dem Verb, fällt das **no** weg.*

No veo nada.
nicht (ich-)sehe nichts
Ich sehe nichts.

No viene nadie.
nicht (er-)kommt niemand
Es kommt niemand.

Nadie ha venido.
Niemand ist gekommen.

Die Verhältniswörter

Die drei wichtigsten und häufigsten Verhältniswörter (Präpositionen) sind **a, en** und **de**.

a	zu, nach	**entre**	zwischen
ante	vor	**hacia**	in Richtung
con	mit	**hasta**	bis *(zeitlich)*
contra	gegen	**para**	für
de	von	**por**	durch
desde	von ... her	**según**	gemäß
durante	während	**sin**	ohne
en	in, an, auf	**sobre**	auf, über

a — zu

Es wird meistens zur Angabe eines Ziels verwendet. Zu beachten ist, dass **a** und der Artikel **el** zu **al** verschmelzen. Bei den anderen Artikeln geschieht dies nicht: **a la, a los, a las** sind immer zwei getrennte Wörter.

Vamos a España. **Viajo a Madrid.**
(wir-)gehen zu Spanien *(ich-)reise zu Madrid*
Wir fahren nach Spanien. Ich reise nach Madrid.

Grammatisch wichtig ist, dass Satzergänzungen (Objekte), die Personen bezeichnen, immer mit der Präposition **a** stehen müssen.

Für unbelebte Gegenstände als Objekt des Satzes gilt diese Regel nicht.

Busco a Diego. **Busco mi camisa.**
(ich-)suche zu Diego *(ich-)suche mein Hemd*
Ich suche Diego. Ich suche mein Hemd.

Die Verhältniswörter

en — in

Die meisten Ortsangaben werden mit **en** gebildet. Sie antworten auf die Frage „wo?" (während man auf die Frage „wohin?" mit **a** antwortet).

Estoy en casa.
(ich-)bin in Haus
Ich bin zu Hause.

Almuerzo en el bar.
(ich-)mittagesse in der Bar
Ich esse in der Bar zu Mittag.

Venimos en tres días / en dos horas.
(wir-)kommen in drei Tage / in zwei Stunden
Wir kommen in drei Tagen / in zwei Stunden.

Viajo en tren.
(ich-)reise in Zug
Ich fahre mit dem Zug.

Voy en avión.
(ich-)gehe in Flugzeug
Ich fliege.

de — von

Auch hier verschmilzt **de** *mit* **el** *zu* **del,** *während* **de la, de los, de las** *getrennt bleiben.*

Mit Hilfe von **de** „von" kann man zusammengesetzte Hauptwörter bilden. Außerdem bezeichnet es Besitz und Zugehörigkeit.

una tienda de bolsos
eine Laden von Taschen
ein Taschengeschäft

una chaqueta de piel
eine Jacke von Haut
eine Lederjacke

el coche de Paco
der Wagen von Paco
Pacos Auto

la madre de Antonio
die Mutter von Antonio
Antonios Mutter

Soy de Burgos.   *(Herkunft)*
(ich-)bin von Burgos
Ich komme aus Burgos.

Soy de Alemania.
(ich-)bin von Deutschland
Ich komme aus Deutschland.

el balcón de las flores   *(typisches Merkmal)*
der Balkon von die Blumen
der Balkon mit den Blumen

éste del bigote
dieser vom Schnurrbart
der mit dem Schnurrbart

Einige Präpositionen sind aus mehreren Wort-
bestandteilen zusammengesetzt:

a la derecha de	rechts von
a la izquierda de	links von
al lado de	neben
antes de	vor
fuera de	außerhalb
debajo de	unter
delante de	vor *(örtl.)*
después de	nach *(zeitl.)*
encima de	über
enfrente de	gegenüber
cerca de	nahe bei
lejos de	weit weg von

Die Bindewörter

Die meisten Bindewörter (Konjunktionen) benutzt man genau wie im Deutschen.

y	und	**aunque**	obwohl
o	oder	**porque**	weil
pero	aber	**que**	dass, das, als
sino	wenn nicht	**si**	wenn, ob
cuando	als *(zeitl.)*	**es decir**	das heißt

Etwas näher möchte ich auf das vielseitige Wörtchen **que** eingehen. Zum einen entspricht es unserem „dass" (indirekte Rede, andere Nebensätze). Es dient aber auch dazu, sogenannte Relativsätze einzuleiten, also Teilsätze, die ein Hauptwort näher bestimmen. Im Deutschen werden diese mit „der, die, das" bzw. „welcher" eingeleitet. Schließlich wird **que** auch in Vergleichssätzen mit Komparativ verwendet.

Pienso que Miguel es muy amable.
(ich-)denke dass Miguel (er-)ist sehr freundlich
Ich denke, dass Miguel sehr freundlich ist.

la camisa que quiero comprar
die Hemd dass (ich-)will kaufen
das Hemd, das ich kaufen will

Tú eres más guapa que mi hermana.
du (du-)bist mehr schön als meine Schwester
Du bist schöner als meine Schwester.

Zahlen und Zählen

Die Zahlen zwischen 30 und 100 bildet man so: zuerst die Zehnerzahl, dann **y** und schließlich die Einerzahl. Beispiel: 36 = **treinta y seis**

0	**cero**	21	**veintiuno**
1	**uno**	22	**veintidós**
2	**dos**	23	**veintitrés**
3	**tres**	24	**veinticuatro**
4	**cuatro**	25	**veinticinco**
5	**cinco**	26	**veintiséis**
6	**seis**	27	**veintisiete**
7	**siete**	28	**veintiocho**
8	**ocho**	29	**veintinueve**
9	**nueve**	30	**treinta**
10	**diez**	31	**treinta y uno**
11	**once**	32	**treinta y dos**
12	**doce**	33	**treinta y tres**
13	**trece**	40	**cuarenta**
14	**catorce**	41	**cuarenta y uno**
15	**quince**	42	**cuarenta y dos**
16	**dieciséis**	50	**cincuenta**
17	**diecisiete**	60	**sesenta**
18	**dieciocho**	70	**setenta**
19	**diecinueve**	80	**ochenta**
20	**veinte**	90	**noventa**
100	**ciento**	600	**seiscientos**
200	**doscientos**	700	**setecientos**
300	**trescientos**	800	**ochocientos**
400	**cuatrocientos**	900	**novecientos**
500	**quinientos**	1000	**mil**

uno *wird vor einem gezählten Hauptwort zu* **un** *(m) bzw.* **una** *(f) abgewandelt. Dies gilt auch für alle zusammengesetzten Zahlen, die auf* **uno** *enden (also 21, 31, 101, usw.).*

ciento *wird vor einem gezählten Hauptwort zu* **cien** *verkürzt (z. B.* **cien coches** *„100 Autos“). Die Vielfachen von 100 haben jeweils eigene Formen für weibliche Hauptwörter; -os wird dann zu -as (z. B.* **quinientas personas** *„500 Personen“).*

2001 = **dos mil uno**

Zahlen und Zählen

Ordnungszahlen

Ordnungszahlen sind Eigenschaftswörter und passen daher ihre Form an das Hauptwort, auf das sie sich beziehen, an. Vor männlichen Hauptwörtern entfällt bei **primero** *und* **tercero** *das* **-o** *(z. B.* **primer piso** „1. Etage").*

primero	erster
segundo	zweiter
tercero	dritter
cuarto	vierter
quinto	fünfter
sexto	sechster
séptimo	siebter
octavo	achter
noveno	neunter
décimo	zehnter
último	letzter

Mengenangaben

Bei **medio** „halb" *steht kein Artikel.*

un kilo	ein Kilo
medio kilo	ein halbes Kilo
cien gramos	hundert Gramm
un litro	ein Liter
una botella	eine Flasche
un paquete	ein Paket
una docena	ein Dutzend

Die Hauptwörter, auf die sich diese Mengeneinheiten beziehen, werden mit dem Verhältniswort **de** „von" angeschlossen.

una botella de vino
eine Flasche von Wein
eine Flasche Wein

un litro de leche
ein Liter von Milch
ein Liter Milch

Uhrzeit und Datum

Man benutzt in Spanien nur das 12-Stunden-System. Damit es aber nicht zu Verwirrungen kommt, gibt es folgende Zusätze:

de la mañana	vormittags
de la tarde	nachmittags
de la noche	abends, nachts

¿Qué hora es?
was Stunde (sie-)ist
Wie spät ist es?

¿Qué hora tienes?
was Stunde (du-)hast
Wie spät hast du es?

y	nach	**cuarto**	Viertel
menos	vor	**media**	halb

Es la una.
(sie-)ist die eins
Es ist 1:00 / 13:00.

Son las tres y cuarto.
(sie-)sind die drei und Viertel
Es ist 3:15 / 15:15.

Son las nueve menos cuarto.
(sie-)sind die neun minus Viertel
Es ist 8:45 / 20:45.

Son las cinco y media.
(sie-)sind die fünf und halbe
Es ist 5:30 / 17:30.

Son las once y veinticinco.
(sie-)sind die elf und fünfundzwanzig
Es ist 11:25 / 23:25.

Bei den Uhrzeitangaben wird der weibliche Artikel gebraucht: **la** (bei „ein Uhr") bzw. **las** (bei den anderen Zahlen). Dies liegt daran, dass man das weibliche Hauptwort **hora** „Stunde" ergänzen muss. Als Präposition benutzt man bei Uhrzeitangaben (deutsch „um") **a.**

¿A qué hora vienes?
zu was Stunde (du-)kommst
Wann kommst du?

¿Cuándo llega el avión?
wann (er-)ankommt der Flugzeug
Wann kommt das Flugzeug an?

A la una.   **A las dos, tres, ...**
Um ein Uhr.   Um zwei, drei, ... Uhr.

hora	Stunde
minuto	Minute
segundo	Sekunde

Semana Santa, Málaga

Wochentage

lunes	Montag
martes	Dienstag
miércoles	Mittwoch
jueves	Donnerstag
viernes	Freitag
sábado	Samstag
domingo	Sonntag

Wochentage werden ohne Verhältniswort, aber mit dem männlichen bestimmten Artikel zur Zeitangabe. Demnach bedeutet „am Donnerstag" **el jueves**.

Monate

enero	Januar
febrero	Februar
marzo	März
abril	April
mayo	Mai
junio	Juni
julio	Juli
agosto	August
septiembre	September
octubre	Oktober
noviembre	November
diciembre	Dezember

Datumsangaben macht man mit den Grundzahlen, nur den Monatsersten gibt man mit der Ordnungszahl **primero** an.

Dazu kommt noch **de**:
el dos de mayo
„der zweite Mai".

Fiestas de San Fermín, Pamplona

Kurz-Knigge

Auf den folgenden Seiten finden Sie umgangssprachliche allgemeine Floskeln und Redewendungen, die eigentlich in jedem Gespräch vorkommen. Viele davon werden Sie am Anfang nicht verwenden, aber wer diese Ausdrücke von Spaniern hört, sollte sie auch verstehen können. Da es Ihnen ja darum geht, nicht nur das Land kennenzulernen, sondern auch **amigos** zu gewinnen, hier ein kleiner Wegweiser dorthin.

Kritisieren Sie nicht alles, was von der deutschen Lebensform abweicht, sonst erwecken Sie einen eingebildeten und überheblichen Eindruck. Spanier reagieren dann zu Recht mit verletztem Stolz.

Die Anrede **tú** ist viel weiter verbreitet als das deutsche „du". Eigentlich werden nur noch alte Leute und Autoritätspersonen gesiezt. Vermeiden Sie es deshalb, zu oft **usted** zu gebrauchen, denn damit vermitteln Sie Ihrem Gesprächspartner ein Gefühl von unpersönlicher Distanz.

Spanier knüpfen viel schneller Kontakte, als wir es gewohnt sind. Das kann man ruhig nachmachen und von sich aus anfangen, etwas zu erzählen. Allerdings empfindet man Leute als aufdringlich und besserwisserisch, die unaufgefordert „gut gemeinte" Ratschläge erteilen. Spanier neigen viel mehr zu positiven Ausdrücken, auch wenn das für uns übertrieben

oder unehrlich wirken kann. So bedeutet z. B. **muy bien** (sehr gut) auch, je nach Stimmung des Sprechers, dass er etwas zwar versteht und akzeptiert, aber eigentlich eine ganz andere Meinung hat. Ein Spanier formuliert seine Wünsche meist als zaghaften Vorschlag oder Frage und erwartet, dass auch der Fremde nicht seinen Willen rücksichtslos durchsetzt und dem anderen aufzwingt.

Es gilt als äußerst unhöflich und verletzend, einen Vorschlag rundheraus abzulehnen. Der Spanier sagt eher, er wolle mal sehen, was sich machen lässt, oder dass er es mal versuchen will. Das darf man dann aber nicht als Zusage auffassen.

Es ist nicht üblich, alles im Voraus auf die Minute genau zu planen oder zu Verabredungen pünktlich zu kommen. Wenn man abends ausgehen will, wird vorher meist nicht festgelegt, wer wann wohin geht, sondern man improvisiert. Planung wird oft als Einschränkung empfunden.

In Kirchen sind kurze Hosen, Miniröcke u. Ä. vielfach nicht zugelassen. Von Frauen wird auch erwartet, die Schultern zu bedecken. Diese Vorschriften nicht zu beachten, gilt als Respektlosigkeit und kann einen Rausschmiss zur Folge haben.

Das geschriebene Wort gilt oft weniger als das gesprochene. Es ist deshalb immer besser, jemanden zu fragen, der sich auskennt, als irgendeinem alten Dokument zu glauben. Die Bürokratie ist zwar sehr ausgedehnt, doch lässt sich in fast allen Situationen immer noch „etwas drehen". Spanier schalten bei Behördenangelegenheiten oft **gestorías,** private Dienstleistungsagenturen, ein.

Gesten und Handzeichen

Ich empfehle, diese Handzeichen nicht auszuprobieren, denn die meisten bedeuten etwas Negatives, und auch in der Körpersprache gibt es verschiedene Dialekte. Beim Gespräch schaut man übrigens den anderen intensiv an, um nicht zu signalisieren, „du langweilst mich".

Der Unterarmschlag wird wie in Deutschland als Zeichen von Kraft und Potenz gebraucht. Die geballte Faust und den Daumen unter dem Zeigefinger durchgesteckt bedeutet „du Schlappschwanz". Mit Daumen und Zeigefinger leicht an den Wangen streicheln heißt „ganz gut, was du da machst", also eine versteckte Anerkennung.

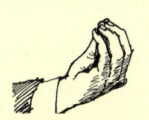

Daumen, Zeige- und Mittelfinger zusammengelegt und nach oben gerichtet, bedeutet „viel" oder eine Verstärkung der gesprochenen Aussage.

Ausgestreckter Zeige- und kleiner Finger werden als Spottgeste für „gehörnter Ehemann" gebraucht. Schwere Beleidigung!

Mit einem Finger das Augenlid herunterziehen bedeutet eine Warnung: „Pass bloß auf!"

Den gestreckten Zeigefinger auf der Wange drehen meint „homosexuell".

Nichts verstanden?

Mit einem Smartphone können Sie sich die mit einem ♪ gekennzeichneten Sätze dieses Kapitels anhören. Scannen Sie einfach den QR-Code mit Hilfe einer kostenlosen App (z. B. „Barcoo" oder „Scanlife").

♪ **¿Habla usted alemán?**
(er-/sie-)spricht Sie Deutsch
Sprechen Sie Deutsch?

♪ **... castellano?**
Spanisch
... Spanisch?

♪ **No, lo siento.**
nein es (ich-)bedauere
Nein, tut mir Leid.

♪ **¿Cómo dice?**
wie (er-/sie-)sagt
Wie bitte?

♪ **Sólo un poquito.**
nur ein wenigchen
Nur ein bisschen.

♪ **¿Comprende usted?**
(er-/sie-)versteht Sie
Verstehen Sie?

♪ **Comprendo.**
(ich-)verstehe
Ich verstehe.

♪ **No lo entiendo.**
nicht es (ich-)verstehe
Ich verstehe nicht.

♪ **Más despacio, por favor.**
mehr langsam durch Gefallen
Bitte etwas langsamer.

♪ **¿Puede repetir, por favor?**
(er-/sie-)kann wiederholen durch Gefallen
Würden Sie das bitte wiederholen?

♪ **¿Qué quiere decir „zapato"?**
was (er-/sie-)will sagen Schuh
Was bedeutet „zapato"?

Bailadora de flamenco

Floskeln und Redewendungen

sich begrüßen

| ♪ **¡Hola!** | Hallo! |
| ♪ **¡Buenas!** | Tag! |

Llegas a punto.	**¿Qué haces tú por aquí?**
(du-)kommst zu Punkt	*was (du-)machst du durch hier*
Du kommst gerade richtig.	Was machst du denn hier?

♪ **Buenos días.**	♪ **Buenas tardes.**	♪ **Buenas noches.**
gute Tage	*gute Nachmittage*	*gute Nächte*
Guten Morgen.	Guten Tag.	Guten Abend / Nacht.

sich verabschieden

♪ **Adiós.**	Auf Wiedersehen.
♪ **Chao.**	Tschüss.
♪ **Buen viaje.**	Gute Reise.
Entonces me voy.	Ich gehe jetzt.

♪ **Tengo que irme.**	♪ **Ahora salgo.**
(ich-)habe dass gehen-mich	*jetzt (ich-)weggehe*
Ich muss gehen.	Ich gehe jetzt.

Me largo.	**Hasta la vista.**
mich (ich-)entferne	*bis die Sicht*
Ich haue ab.	Auf Wiedersehen.

♪ **Hasta mañana.**	Bis morgen.
♪ **Hasta más tarde.**	Bis später.
♪ **Hasta después.**	Bis nachher.
♪ **Hasta pronto.**	Bis bald.
♪ **Hasta luego.**	Bis dann.
Recuerdos a ... / Saludos a ...	Grüße an ...

Das ist die direkte Entsprechung unseres „Auf Wiedersehen". Allerdings ist es als Gruß in Spanien seit langem nicht mehr üblich, und auch die Spanier denken heutzutage dabei eher an Arnie Schwarzenegger.

sich entschuldigen

🔊 **Perdone.**	Entschuldigung.
🔊 **Disculpe.**	Verzeihung.

🔊 **Disculpe la interrupción.**
(er-/sie-)entschuldige die Unterbrechung
Entschuldigen Sie die Störung.

Lo siento de veras.
es (ich-)fühle von Wahrheit
Tut mir wirklich Leid.

No era a propósito.
nicht (es-)war zu Absicht
Es war keine Absicht.

No es culpa mía.
nicht (sie-)ist Schuld meine
Es ist nicht meine Schuld.

Te lo puedo explicar.
dir es (ich-)kann erklären
Ich kann es erklären.

Lo que quiero decir es ...
das dass (ich-)will sagen (es-)ist
Was ich meine, ist ...

No te importa nada.
nicht dir (es-)bedeutet nichts
Das geht dich nichts an.

Es decir ...
(es-)ist sagen
Das heißt ...

Es para reir.
(es-)ist für lachen
Das ist doch lächerlich.

🔊 **No es nada.**
nicht (es-)ist nichts
Macht nichts.

🔊 **No hay de qué.**
nicht es-gibt von was
Keine Ursache.

🔊 **Está bien.**
(es-)ist gut
Schon gut.

Wie geht's?

🔊 **¿Qué tal?**
was solcher
Wie geht's?

🔊 **¿Cómo estás?**
wie (du-)bist
Wie geht es dir?

¿Cómo le va?
wie ihm (es-)geht
Wie geht es Ihnen?

¿Cómo está usted?
wie (er-/sie-)ist Sie
Wie geht es Ihnen?

Estoy enfermo.
(ich-)bin krank
Ich bin krank.

Mal.	Schlecht.
Lamentable.	Erbärmlich.
Miserable.	Elendst.
Como siempre.	Wie immer.
Bien.	Gut.
Muy bien.	Sehr gut.
Bastante bien.	Ganz gut.
Así así. *(so so)*	Es geht so.
Mejor.	Besser.
Mucho mejor.	Viel besser.
Excelente.	Ausgezeichnet.
Fantástico.	Fantastisch.

berichten

Oye, me han contado ...
hör mir (sie-)haben erzählt
Man hat mir erzählt ...

¿Sabes lo último?
(du-)weißt das letzte
Weißt du schon das Neueste?

¿Sabes que ... ?
(du-)weißt dass
Weißt du, dass ... ?

Dicen que ...
(sie-)sagen dass
Man sagt, dass ...

Parece que ...
(es-)scheint dass
Es scheint, dass ...

Me han dicho que ...
mir (sie-)haben gesagt dass
Ich habe erfahren, dass ...

Me enteré de que ...
mich (ich-)informierte von dass
Man hat mir gesagt, dass ...

¿Ya conoces la novedad?
schon (du-)kennst die Neuigkeit
Weißt du es schon?

Feria de Abril, Sevilla

meinen

Yo pienso que ...   **Mi opinión es que ...**
Ich denke, dass ...   Meine Meinung ist, dass ...

En mi opinión ...
in meine Meinung
Meiner Meinung nach ...

A mí me parece que ...
zu mir mir (es-)scheint dass
Mir scheint ...

Tengo la impresión de que ...
(ich-)habe die Eindruck von dass
Ich habe den Eindruck, dass ...

Bueno, creo que ...
gut (ich-)glaube dass
Also, ich glaube, dass ...

Ahora te voy a decir algo.
jetzt dir (ich-)gehe zu sagen etwas
Jetzt werde ich dir mal was sagen.

zustimmen

🐦 Tienes razón.
(du-)hast Vernunft
Du hast Recht.

🐦 Estoy de acuerdo.
(ich-)bin von Einigung
Ich stimme dem zu.

🐦 Eso se puede decir.
dies sich (es-)kann sagen
Das kann man wohl sagen.

🐦 En efecto.
in Wirkung
Durchaus.

🐦 Es exacto.
(es-)ist genau
Das stimmt.

🐦 Pero que sí.
aber dass ja
Aber ja.

🐦 **Claro.**	Klar.
🐦 **Seguro.**	Sicher.
🐦 **Es verdad.**	Das ist wahr.

verneinen

🗩 **Es falso.**
(es-)ist falsch
Das ist falsch.

🗩 **No es verdad.**
nicht (es-)ist Wahrheit
Das ist nicht wahr.

🗩 **No en absoluto.**
nein in unbedingt
Überhaupt nicht.

🗩 **No hay nada verdadero.**
nicht es-gibt nichts wahr
Das stimmt überhaupt nicht.

En ningún caso.
Auf keinen Fall.

Mientes.
Du lügst.

No te creo ni una palabra.
nicht dir (ich-)glaube nicht ein Wort
Ich glaube dir kein Wort.

No es así.
nicht (es-)ist so
So ist das nicht.

Está equivocado.
(er-/sie-)ist geirrt
Sie irren sich.

Carnaval de Las Palmas, Gran Canaria

Floskeln und Redewendungen

überzeugen

Me lo puedes creer.
mir es (du-)kannst glauben
Das kannst du mir glauben.

Pero escucha.
aber hör
Aber hör doch mal.

Es evidente que …
(es-)ist offensichtlich dass
Es ist klar …

No hay duda.
nicht es-gibt Zweifel
Zweifellos.

Estoy convencido de que …
(ich-)bin überzeugt von dass
Ich bin überzeugt, dass …

Que sí …
dass ja …
Aber ja …

widersprechen

¿Lo piensas de veras?
ihn (du-)glaubst von Wahrheit
Glaubst du das wirklich?

No puedes decirlo.
nicht (du-)kannst sagen-es
Das kannst du nicht sagen.

Pero, ¡qué me cuentas!
aber was mir (du-)erzählst
Was erzählst du denn da!

No te lo creo.
nicht dir es (ich-)glaube
Das glaube ich dir nicht.

Estoy en contra.
(ich-)bin in gegen
Ich bin dagegen.

No acepto que …
nicht (ich-)hinnehme dass …
Ich akzeptiere nicht, dass …

Haces chistes.
(du-)machst Witze
Mach keine Witze.

¡Qué dices!
was (du-)sagst
Was du nicht sagst!

Me cuentas tonterías.
mir (du-)erzählst Dummheiten
Du redest Unsinn.

¡Qué barbaridad!
was Barbarei
Blödsinn!

Estás chiflado.
(du-)bist übergeschnappt
Du spinnst wohl.

Estás loco / loca.
(du-)bist verrückt(m/f)
Du bist verrückt.

anzweifeln

🎙 **No hablas en serio.**
nicht (du-)sprichst in ernst
Das ist doch nicht dein Ernst.

🎙 **No hagas bromas.**
nicht (du-)machest Witze
Mach keine Witze.

¡Cuéntalo a los otros!
erzähl-es zu die anderen
Mir kannst du das nicht weismachen!

Eso me extrañaría mucho.
das mich (es-)würde-wundern viel
Das würde mich sehr wundern.

No lo creo.
nicht es (ich-)glaube
Das glaube ich nicht.

Lo dudo.
es (ich-)zweifle
Das bezweifle ich.

Me pregunto si ...
mich (ich-)frage ob
Ich frage mich, ob ...

🎙 **No puedo comprenderlo.**
nicht (ich-)kann verstehen-es
Das verstehe ich nicht.

Hace el ridículo.
(er-)macht der lächerlich
Er macht sich lächerlich.

sich begeistern

♪ **¡Es loco!**	Das ist verrückt.
♪ **¡Qué bien!**	Das ist toll!
♪ **Es estupendo.**	Das ist Spitze.
♪ **Es hermoso.**	Das ist schön.
♪ **Es súper.**	Das ist super.
♪ **¡De primera!**	Klasse!

sich freuen

Estoy loco de alegría.
(ich-)bin verrückt von Freude
Ich bin wahnsinnig froh.

♪ **Esto me complace.** **Estoy muy contento.**
dies mich (es-)freut   *(ich-)bin sehr zufrieden*
Das freut mich.   Ich bin zufrieden.

Estoy muy encantado.
(ich-)bin sehr entzückt
Ich bin echt entzückt.

wünschen

Tengo muchas ganas de ...
(ich-)habe viele Lüste von
Ich möchte so gern ...

Tengo inmensas ganas de ...
(ich-)habe unheimliche Lüste von
Ich hätte größte Lust zu ...

Floskeln und Redewendungen

¡Ah! Si podría ...
Wenn ich ... könnte.

Sueño con ...
Ich träume von ...

Espero que vengas pronto.
(ich-)hoffe dass (du-)kommest bald
Ich hoffe, du kommst bald.

Me gustaría tanto ...
mir (es-)würde-gefallen soviel
Ich würde so gerne ...

¡Ojalá ... !
oh-Allah
Hoffentlich!

jemanden einladen / etwas vorschlagen

Vamos a ...
Gehen wir ...

¿Te gustaría ... ?
dir (es-)würde-gefallen
Würde es dir gefallen ...?

¿Tienes ganas de ... ?
(du-)hast Lüste von
Hast du Lust zu ... ?

¿Te interesaría ... ?
dich (es-)würde-interessieren
Interessiert es dich ... ?

Podríamos ...
Wir könnten ...

¿Quieres ... ?
Möchtest du ... ?

Floskeln und Redewendungen

Te propongo ...
dir (ich-)vorschlage ...
Ich schlage vor ...

¿Qué piensas si ... ?
was (du-)denkst wenn
Was meinst du, wenn ... ?

¿Qué te parece si ... ?
was dir (es-)scheint wenn
Was hältst du davon, wenn ... ?

🎵 Ven, te invito.
komm dich (ich-)einlade
Komm, ich lade dich ein.

🎵 ¡Vámonos, chica / chico!
Gehen wir, Mädchen / Junge.

chica *und* **chico**
werden (fast) unabhängig vom Alter gebraucht, also auch für Erwachsene mindestens bis zum mittleren Alter.

🎵 ¿Qué haces esta tarde / noche?
was (du-)machst diese Nachmittag / Nacht?
Was machst du heute Nachmittag / Nacht?

🎵 ¿Puedo acompañarte a casa?
(ich-)kann begleiten-dich zu Haus
Kann ich dich nach Hause bringen?

🎵 ¿Quieres que te lleve a mi casa?
(du-)willst dass dich (ich-)bringe zu meine Haus
Willst du mit zu mir kommen?

🎵 ¿Vamos a darnos un pequeño paseo?
(wir-)gehen zu geben-uns ein kleiner Spaziergang
Sollen wir noch ein bisschen spazieren gehen?

Vorschlag annehmen

De acuerdo.	In Ordnung.
Bien.	Gut.
Con mucho gusto.	Gerne.
mit viel Gefallen	
Vale.	Einverstanden.
¿Por qué no?	Warum nicht?
Claro que sí.	Na klar.
Seguro.	Sicher.
Naturalmente.	Natürlich.
Es una buena idea.	Gute Idee.
Eso sería fantástico.	Das wäre phantastisch.
Estoy en favor.	Ich bin dafür.

bedauern / ablehnen

No gracias.
Nein danke.

No tengo ganas.
nicht (ich-)habe Lüste
Ich habe keine Lust.

Eso no me dice nada.
das mir (es-)sagt nichts
Damit kann ich nichts anfangen.

No es posible.
nicht (es-)ist möglich
Das ist nicht möglich.

Es imposible.
(es-)ist unmöglich
Es geht nicht.

No quiero.
nicht (ich-)will
Ich will nicht.

Lo siento mucho.
es (ich-)fühle sehr
Tut mir sehr Leid.

♪ **De eso nada.**	Kommt nicht in Frage.
von das-da nichts	
♪ **No te acompaño.**	Ich komme nicht mit.
nicht dich (ich-)begleite	
♪ **Es tu problema.**	Das ist deine Sache.
(es-)ist dein Problem	

unsicher sein

No sé qué hacer.
nicht (ich-)weiß was tun
Ich weiß nicht, was tun.

Eso me deja confuso.
das-da mich (es-)lässt verwirrt
Das verwirrt mich.

Estoy confundido.
(ich-)bin durcheinander
Ich bin total verwirrt.

♪ **Estoy desorientado.**
(ich-)bin verwirrt
Ich weiß nicht, was ich machen soll.

♪ **No estoy seguro.**
nicht (ich-)bin sicher
Ich bin mir nicht sicher.

Todavía vacilo.
noch (ich-)schwanke
Ich bin mir noch nicht schlüssig.

Lo encuentro muy desagradable.
es (ich-)finde sehr unangenehm
Ich finde es sehr unangenehm.

Es muy desagradable para mí.
(es-)ist sehr unangenehm für mich
Es ist sehr unangenehm für mich.

überrascht sein

¡Es increíble!	Unglaublich!
Es imposible.	Unmöglich.
¿Qué?	Was?
¿Sueño o qué? *(ich-)träume oder was*	Träume ich oder was?
¿De veras? *von Wahrheit*	Wirklich?
¡Es sorprendente! *(es-)ist überraschend*	Das ist erstaunlich!
No puedo creerlo. *nicht (ich-)kann glauben-es*	Das kann ich nicht glauben.
¡Qué sorpresa!	So eine Überraschung!
No lo esperaba. *nicht es (ich-)erwartete*	Das habe ich nicht erwartet.
Me asombro de eso. *mich (ich-)wundere von das-da*	Das wundert mich.
¡Dios mío!	Mein Gott!
¿Qué pasó? *was (es-)passierte*	Was ist passiert?

Me quedé con la boca abierta.
mich (ich-)blieb mit die Mund offen
Ich bin mit offenem Mund stehengeblieben.

¿Qué ocurrió? / ¿Qué sucedió? *was (es-)geschah?*	Was ist los?
Ay, ¡qué horror! *au was Schrecken*	Meine Güte!

sich unwohl fühlen

🖐 **No me siento bien.**
nicht mich (ich-)fühle gut
Ich fühle mich nicht gut.

No estoy bien.
nicht (ich-)bin gut
Ich bin nicht gut drauf.

Estoy agotado.
(ich-)bin erschöpft
Ich bin erschöpft.

Estoy al fin de los nervios.
(ich-)bin am Ende von die Nerven
Ich bin am Ende.

Estoy hecho polvo.
(ich-)bin gemacht Staub
Ich bin total kaputt.

sich langweilen

🖐 **Me aburro.**
mich (ich-)langweile
Ich langweile mich.

🖐 **Es aburrido.**
(es-)ist langweilig
Mir ist langweilig.

🖐 **Me es / da igual.**
mir (es-)ist / (es-)gibt egal
Das ist mir egal.

🖐 **Eso me deja frío.**
das mich (es-)lässt kalt
Das lässt mich kalt.

🖐 **¿Qué puedo hacer yo?**
was (ich-)kann machen ich
Was kann ich dafür?

¿Y qué?
Na, und?

¡Y bien!
Na und!

¿Para qué?
für was
Wozu?

No me importa.
nicht mich (es-)angeht
Ich bin nicht scharf drauf.

Nada importante.
nichts wichtig
Unwichtig.

No me interesa.
nicht mich (es-)interessiert
Nicht interessiert.

Me pregunto qué hago por aquí.
mich frage was (ich-)mache durch hier
Ich frage mich, was ich hier soll.

enttäuscht sein

Estoy desengañado.
(ich-)bin enttäuscht
Ich bin enttäuscht.

No valió la pena.
nicht (es-)lohnte die Mühe
Es hat sich nicht
gelohnt.

Tuve mala pata / suerte.
(ich-)hatte schlechte Pfote / Glück
Ich hatte Pech.

Si lo hubiese sabido ...
wenn es (ich-)hätte gewusst
Wenn ich das gewusst hätte ...

¡Qué lástima!

Wie schade!

No puedes hacer nada.
nicht (du-)kannst machen nichts
Da kann man nichts machen.

Angst haben

🔊 Tengo miedo.
(ich-)habe Angst
Ich habe Angst.

Tengo un poco de miedo.
(ich-)habe ein wenig von Angst
Ich habe ein bisschen Angst.

🔊 Estoy intranquilo.
(ich-)bin unruhig
Ich bin beunruhigt.

Estoy cagado.
(ich-)bin beschissen
Ich habe Schiss.

sich sorgen

🔊 Me preocupo.
mich (ich-)sorge
Ich mache mir Sorgen.

Me inquieto por ...
mich (ich-)beunruhige durch
Ich bin wegen ... beunruhigt.

🔊 Estoy nervioso.
(ich-)bin nervös
Ich bin nervös.

Estoy un poco inquieto.
(ich-)bin ein wenig unruhig
Ich bin etwas beunruhigt.

Mitleid haben

🔊 Te compadezco.
dich (ich-)bedaure
Du tust mir Leid.

🔊 ¡Mi pobre!
Mein Armer /
meine Arme!

🔊 ¡No tienes suerte!
nicht (du-)hast Glück
Da hattest du Pech!

🔊 ¿Tienes mala suerte, verdad?
(du-)hast schlecht Glück Wahrheit
Pech gehabt, was?

No quisiera estar en tu lugar.
nicht (ich-)möchte sein in deine Stelle
Ich möchte nicht an deiner Stelle sein.

Me lo puedo imaginar bien.
mir es (ich-)kann vorstellen gut
Das kann ich mir gut vorstellen.

Puedo entenderlo bien.
(ich-)kann verstehen-es gut
Ich kann dich gut verstehen.

Tengo compasión contigo.
(ich-)habe Mitleid mit-dir
Ich habe Mitleid mit dir.

trösten

Hay algo peor.
es-gibt etwas schlechter
Es gibt Schlimmeres.

No es tan grave.
nicht (es-)ist so schwer
Das ist doch nicht so schlimm.

Todo se arreglará.
alles sich (es-)wird-regeln
Das wird schon wieder.

No te alteres por eso.
nicht dich (du-)störest durch dies
Mach dich nicht verrückt.

No hay razón de alterarse.
nicht es-gibt Grund von stören-sich
Kein Grund, sich aufzuregen.

Floskeln und Redewendungen

sich verteidigen

¡Déjame tranquilo / tranquila!
lass-mich ruhig (m/f)
Lass mich in Ruhe!

¡Déjame en paz!
lass-mich in Frieden
Lass mich in Frieden!

¡Vete! *geh-dich!*	Hau ab!
¡Vete al infierno! *geh-dich zur Hölle*	Geh zur Hölle!
¡Cierra la boca! *schließ die Mund*	Halt's Maul!
¡Cállate! *schweige-dich!*	Sei still!

¿Quieres una bofetada?
(du-)willst eine Ohrfeige
Willst du eine Ohrfeige?

¡Te doy una torta!
dir (ich-)gebe eine Torte
Ich hau dir gleich eine runter!

einen Rat geben

Si estuviera en tu lugar...
wenn (ich-)wäre in deine Stelle
Ich an deiner Stelle ...

Sería mejor ...
Es wäre besser ...

Te aconsejo ...	**No te preocupes.**
dir (ich-)rate ...	*nicht dich (du-)sorgest*
Ich rate dir ...	Mach dir keine Sorgen.

🎵 **¡No vaciles!**	🎵 **¡Adelante!**
nicht (du-)zögerest	*vorwärts*
Mach's doch!	Na los!

Sería un error si ...
(es-)wäre ein Irrtum wenn
Es wäre ein Fehler, wenn ...

No medites tanto.
nicht (du-)nachdenkest soviel
Überleg nicht so lange.

No te quiero dar consejos, pero ...
nicht dir (ich-)will geben Ratschläge aber
Ich will dir ja keine Ratschläge geben, aber ...

sich beklagen

🎵 **Voy a quejarme.**
(ich-)gehe zu beschweren-mich
Ich werde mich beschweren.

🎵 **¡Es una vergüenza!**
(es-)ist eine Scham
Das ist eine Schande!

Plaza Real, Barcelona

♪ **¡Ahora exageras!**
jetzt (du-)übertreibst
Jetzt übertreibst du aber!

♪ **¿Te burlas de mí?**
dich (du-)spottest von mir
Machst du dich über mich lustig?

No tiene el derecho de ...
nicht (er/sie-)hat das Recht von
Sie haben kein Recht zu ...

¡No es admisible!
nicht (es-)ist zulässig
Das ist unerhört!

♪ **¡Oye!** **Es suficiente.**
hör *(es-)ist ausreichend*
Hör mal! Das reicht.

¡Una vida de mierda!
eine Leben von Scheiße
So ein Scheißleben!

¡Este coche de porquería!
dieser Wagen von Schweinerei
Diese Mistkarre!

¡Es el colmo!
(es-)ist der Gipfel!
Das ist die Höhe!

♪ **Eso sobrepasa todos los límites.**
dies (es-)überschreitet alle die Grenzen
Das geht jetzt aber wirklich zu weit.

jemanden anrempeln

¿Le he hecho daño?
ihm/ihr (ich-)habe gemacht Schaden
Habe ich Ihnen wehgetan?

Lo siento de veras, señor.
es (ich-)fühle von wahr Herr
Es tut mir sehr Leid, mein Herr.

No lo había visto.
nicht es (ich-)hatte gesehen
Ich hatte Sie nicht gesehen.

No se preocupe.
nicht sich (er-/sie-)sorge
Machen Sie sich keine Sorgen.

No ha sido nada.
nicht (es-)hat gewesen nichts
Es ist ja nichts gewesen.

Lo siento en el alma.
es (ich-)fühle in der Seele
Es tut mir in der Seele weh.

Perdone, le he pisado sin querer.
(er-/sie-)entschuldige ihm/ihr (ich-)habe getreten ohne wollen
Entschuldigung, ich wollte Sie nicht treten.

Floskeln und Redewendungen

zugeben

Confieso que ...
(ich-)zugebe dass
Ich gebe zu, dass ...

Hay que confesar ...
es-gibt dass zugeben
Ich muss zugeben ...

🐦 Reconozco que es verdad.
(ich-)anerkenne dass (es-)ist Wahrheit
Ich gebe zu, es ist wahr.

🐦 ¡Ay! Es así.
au (es-)ist so
Tja, das stimmt.

🐦 Es cómo lo ha dicho.
(es-)ist wie es (er-/sie-)hat gesagt
Es ist, wie Sie sagen.

beurteilen

Quiero mucho a ...
(ich-)will viel zu ...
Ich mag ... sehr gerne ...

... me gusta.
... mir (es-)gefällt
gefällt mir.

Pienso que ...
(ich-)denke dass ...
Ich glaube, dass ...

Adoro a ...
(ich-)verehre zu ...
Ich habe ... sehr gerne.

Odio a ...
(ich-)hasse zu
Ich hasse ...

Tengo horror de ...
(ich-)habe Abscheu von
Ich hasse ...

Eso me conviene.
das mir (es-)passt
Es passt mir.

Vale la pena.
(es-)lohnt die Mühe
Es lohnt sich.

🔊 **Es divertido / -a.**	Das ist lustig.
🔊 **Es anticuado / -a.**	Das ist veraltet.
🔊 **Es horrible.**	Das ist schrecklich.
🔊 **Es feo / fea.**	Er / Sie ist hässlich.
🔊 **Es loco / loca.**	Er / Sie ist verrückt. *(immer)*
Está loco / loca.	Er / Sie ist verrückt. *(momentan)*
🔊 **Es tonto / tonta.**	Er / Sie ist doof.
🔊 **Es mono / mona.**	Er / Sie ist süß.
🔊 **Es listo / lista.**	Er / Sie ist schlagfertig.
🔊 **Es gracioso / graciosa.**	Er / Sie ist witzig.
🔊 **Es lindo / linda.**	Er / Sie ist hübsch.
🔊 **Es amable.**	Er / Sie ist nett.

Sympathie

🔊 **Eres simpático.**	Du bist sympathisch.
🔊 **Eres magnífico.**	Du bist toll.
🔊 **Eres un tipo agradable.**	Du bist ein netter Typ.
(du-)bist ein Typ angenehm	
🔊 **Me gustas.**	Du gefällst mir.
mir (du-)gefällst	
🔊 **Te quiero.**	Ich mag / liebe dich.
dich (ich-)liebe	

🔊 **Es una mujer estupenda.**
(sie-)ist eine Frau toll
Sie ist eine super Frau.

Antipathie

🗩 **No lo / la aguanto.**
nicht ihn / sie (ich-)ertrage
Ich kann ihn / sie nicht leiden.

🗩 **No lo / la quiero.**
nicht ihn / sie (ich-)liebe
Ich mag ihn / sie nicht.

🗩 **Me es antipático / -a.**
mir (er-/sie-)ist unsympathisch
Er / Sie ist mir unsympathisch.

🗩 **No puedo soportarlo / -la.**
nicht (ich-)kann ertragen-ihn/-sie
Ich kann ihn / sie nicht ertragen.

🗩 **Es imbécil.**
Er / Sie ist bescheuert.

🗩 **Es aburrido / aburrida.**
Er / Sie ist langweilig.

🗩 **No me toques el nervio.**
nicht mir (du-)berührest der Nerv
Geh mir nicht auf die Nerven.

🗩 **Es extravagante.**
Er / Sie ist ausgeflippt.

lieben

🗩 **Estoy loco por él / ella / tí.**
(ich-)bin verrückt durch er / sie / dich
Ich bin verrückt nach ihm / ihr / dir.

🗩 **Es amor a primera vista.**
(er-)ist Liebe zu erste Sicht
Es ist Liebe auf den ersten Blick.

🗩 **Es la gran pasión.**
(sie-)ist die große Leidenschaft
Das ist die große Liebe.

🗩 **Me enamoré.**
mich (ich-)verliebte
Ich habe mich verliebt.

🗩 **Te quiero mucho.**
dich (ich-)liebe viel
Ich liebe dich sehr.

Me dejó. / Me abandonó.
mich (er-/sie-)ließ / mich verließ
Er / Sie hat mich verlassen.

Está jugando con mis sentimientos.
(er-/sie-)ist spielend mit meine Gefühle
Er / Sie spielt mit meinen Gefühlen.

Allgemeine Floskeln

¿Permiso?	Gestatten Sie?
¡Salud!	Gesundheit! / Prost!
Adelante.	Herein. Vorwärts.
Gracias.	Danke.
Muchas gracias.	Vielen Dank.
No gracias.	Nein danke.
Por favor.	Bitte...
durch Gefallen	*(um etwas bitten)*
Tenga.	Bitte (nehmen Sie).
¿Cómo ha dicho?	Wie bitte?
A ver ...	Mal sehen ...
¡Por fin!	Na endlich!
¿Qué hay?	Was gibt's?
Imagínate ...	Stell dir vor ...
Etcétera ...	Und so weiter ...
Es decir ...	Das heißt ...
Y además ...	Und außerdem ...
Por otro lado ...	Auf der anderen Seite...
De otra manera ...	Andererseits ...
Si es así ...	Wenn das so ist ...
En una palabra ..	Kurz gesagt ...
Bueno ...	Na gut ...
¡Oye!	Hör mal! / Sag mal!
¿Oyes?	Hörst du?
Oiga.	Hören Sie.
¡Hombre!	Mensch!

Hinweisschilder

ABIERTO	geöffnet
CABALLEROS	Herren
CAJA	Kasse
CALIENTE	heiß
CERRADO	geschlossen
COMPLETO	kein Platz mehr frei, ausverkauft
CUIDADO CON EL PERRO	Bissiger Hund
EMPUJAR	Drücken
ENTRADA	Eingang
ENTRADA LIBRE	Freier Eintritt
FRÍO	kalt
LIBRE	frei
NO TOCAR	Nicht berühren
OCUPADO	besetzt
PELIGRO DE MUERTE	Lebensgefahr
PLAYA	Strand
PROHIBIDO BAÑARSE	Baden verboten
PROHIBIDO ESCUPIR	Spucken verboten
PROHIBIDO EL PASO	Durchgang verboten
PROHIBIDO FUMAR	Rauchen verboten
PROHIBIDA LA ENTRADA	Kein Eingang
VENTA	Verkauf
SALIDA	Ausgang
SE VENDE	zu verkaufen
SE ALQUILA	zu vermieten
SEÑORAS	Frauen
SERVICIOS	Toiletten
TIRAR	Ziehen

Bekanntschaften machen

So könnte ein erster Dialog aussehen:

🎵 Hola. ¿Eres extranjero, verdad?
hallo (du-)bist Ausländer Wahrheit
Hallo. Du bist Ausländer, nicht wahr?

Mit einem Smartphone können Sie sich die mit einem 🎵 gekennzeichneten Sätze dieses Kapitels anhören.

🎵 Sí, soy alemán.
ja (ich-)bin Deutscher
Ja, ich bin Deutscher.

🎵 Y, ¿de dónde vienes?
und von wo (du-)kommst
Und woher kommst du?

🎵 Soy de Essen.
(ich-)bin von Essen
Ich komme aus Essen.

🎵 Yo soy andaluza, pero vivo en Zaragoza.
ich (ich-)bin Andalusierin aber (ich-)lebe in Zaragoza
Ich bin Andalusierin, aber ich wohne in Zaragoza.

🎵 Ah, lo veo ...
ach es (ich-)sehe ...
Ich verstehe ...

🎵 Me llamo O'Niel, ¿y tú?
mich (ich-)rufe O'Niel und du
Ich heiße O'Niel, und du?

🎵 Yo soy Maria José.
Ich bin Maria José.

🎵 ¿Trabajas o estudias?
(du-)arbeitest oder (du-)studierst
Arbeitest du oder studierst du?

🎵 **Trabajo en una tienda.**
(ich-)arbeite in eine Geschäft
Ich arbeite in einem Laden.

🎵 **Pues, yo soy estudiante de medicina.**
dann ich (ich-)bin Student von Medizin
Also, ich studiere Medizin.

Wie heißt du?

🎵 **Me llamo Sabine.**　🎵 **Y tú, ¿cómo te llamas?**
mich (ich-)rufe Sabine　*und du wie dich (du-)rufst*
Ich heiße Sabine.　　　Und wie heißt du?

🎵 **Mi nombre es O'Niel.**	Mein Name ist O'Niel.
🎵 **Y éste es mi amigo Uwe.**	Und das ist mein Freund Uwe.
🎵 **Y ésta es mi amiga Roxy.**	Und das ist meine Freundin Roxy.

Am besten ist es, man ist offen und unkompliziert. Fragen Sie einfach nach dem Namen oder stellen Sie sich selbst vor.

🎵 **Mucho gusto.**　　🎵 **El gusto es mío.**
viel Vergnügen　　　*der Vergnügen ist meiner*
Angenehm.　　　　　Ganz meinerseits.

🎵 **Tú eres Silvia, ¿verdad?** 🎵 **No, yo soy Andrea.**
Du bist Silvia, oder?　　Nein, ich bin Andrea.

🎵 **¿Cuál es tu apellido?**
welcher (er-)ist dein Nachname
Wie heißt du mit Nachnamen?

) **Mi apellido es López.**
Mein Nachname ist Lopez.

) **Dime, ¿sabes quién es esa señorita?**
sag-mir (du-)weißt wer (sie-)ist diese-da Fräulein
Sag mal, weißt du wer das Fräulein ist?

) **Dime, ¿sabes quién es ese muchacho?**
sag-mir (du-)weißt wer (er-)ist dieser-da Junge
Sag mal, weißt du wer der junge Mann ist?

) **No, no lo sé.**
nein nicht es (ich-)weiß
Nein, das weiß ich nicht.

) **Creo que es Maria.**
(ich-)glaube dass (sie-)ist Maria
Ich glaube, das ist Maria.

nombre *(m)*	Vorname
apellido *(m)*	Nachname
amigo *(m)*	Freund
amiga *(f)*	Freundin
encantado / **encantada**	sehr erfreut *(m/f)*

In der Disco

) **¿Hay una discoteca por aquí cerca?**
es-gibt eine Disco durch hier nahe
Gibt's hier in der Nähe eine Disco?

🎵 Conozco una buena discoteca.
(ich-)kenne eine gute Diskothek
Ich kenne eine gute Disco.

🎵 ¿Quieres bailar?   **🎵 No sé bailar.**
(du-)willst tanzen   *nicht (ich-)weiß tanzen*
Möchtest du tanzen?   Ich kann nicht tanzen.

🎵 Con mucho gusto.   **🎵 ¡Déjame en paz!**
mit viel Vergnügen   *lass-mich in Frieden*
Sehr gerne.   Lass mich in Ruhe!

🎵 **No, gracias.**	Nein danke.
🎵 **¡Sí, claro!**	Na klar!
🎵 **¿Por qué no?**	Warum nicht?

🎵 ¿Vamos a bailar otra vez?
(wir-)gehen zu tanzen andere Mal
Tanzen wir nochmal?

🎵 ¿Quieres que te enseñe un baile fantástico?
(du-)willst dass dir (ich-)zeige ein Tanz phantastisch
Soll ich dir mal einen tollen Tanz beibringen?

🎵 ¿Qué haces después de la fiesta?
was (du-)machst nach von die Fest
Was machst du nach der Fete?

🎵 Te acompaño a casa.
dich (ich-)begleite zu Haus
Ich begleite dich nach Hause.

Bekanntschaften machen

An der Theke

¿Quieres tomar algo?
(du-)willst nehmen etwas
Möchtest du etwas trinken?

Te invito a una copita.
dich (ich-)einlade zu eine Gläschen
Ich lade dich zu einem Gläschen ein.

¿Tomamos otra bebida?
(wir-)nehmen andere Getränk
Nehmen wir noch einen Drink?

Pago todo junto.
Ich zahle alles zusammen.

¿Vienes a menudo por aquí?
(du-)kommst zu winzig durch hier
Kommst du oft her?

Cada dia. Cada sábado. Cada semana.
Jeden Tag. Jeden Samstag. Jede Woche.

¿Estás aquí por primera vez?
(du-)bist hier durch erste Mal
Bist du das erste Mal hier?

¿Estás solo / sola? **Claro que sí / que no.**
(du-)bist allein(m/f) *klar dass ja / dass nein*
Bist du allein hier? Natürlich. / Natürlich nicht.

Rauchen

🔊 ¿**L**e molesta que fume?
ihm/ihr (es-)belästigt dass (ich-)rauche
Stört es Sie, wenn ich rauche?

🔊 **No, en absoluto.**   🔊 **Sí, naturalmente.**
Nein, gar nicht.   Ja, natürlich.

🔊 ¿**Me puede dar fuego, por favor?**
mir (er-/sie-)kann geben Feuer durch Gefallen
Könnten Sie mir bitte Feuer geben?

🔊 **Lo siento mucho, pero no fumo.**
es (ich-)fühle viel aber nicht (ich-)rauche
Es tut mir Leid, aber ich rauche nicht.

Le agradecería que esperara un poco, ...
ihm/ihr (ich-)würde-danken dass (er/sie-)wartete ein wenig
Ich wäre Ihnen dankbar,wenn Sie ein wenig warten würden ...

... porque no me encuentro muy bien.
... weil nicht mich (ich-)finde sehr gut
... weil ich mich nicht so gut fühle.

🔊 **¿Le importaría abrir un poco la ventanilla?**
ihm/ihr (es-)würde-bedeuten öffnen ein wenig die Fensterchen
Würden Sie bitte ein wenig das Fenster öffnen?

Eingeladen sein

Wer allein oder zu zweit reist, dem kann es passieren, dass man ihn zum Essen einlädt.

Selbst ein einfaches Essen besteht immer aus mehreren Gängen, mit denen man „gemästet" wird. Damit der Koch bzw. die Köchin nicht den Eindruck bekommt, dass es nicht schmeckt, sollte man sich mindestens zweimal etwas auffüllen. Das ist in Spanien so üblich und kommt einem Lob der Köchin bzw. des Kochs gleich.

Als Mitbringsel eignen sich nicht so sehr Blumen, wohl aber Süßigkeiten oder Kleinigkeiten für die Kinder.

Zum Mittagessen wird meist Rotwein getrunken, aber es steht auch immer Wasser bereit. Auf den Tisch gehört eine Schale Brot, oder es liegt ein Baguette da, von dem sich jeder ein Stück abbrechen kann.

Gazpacho, Andalucía

Das nächste Kapitel zeigt die typischen Gesprächsthemen für den Fall einer solchen Einladung, nämlich Alter, Familie und Beruf.

Alter

Mit einem Smartphone können Sie sich die mit einem ♪ gekennzeichneten Sätze dieses Kapitels anhören.

♪ ¿Cuántos años tienes / tiene?
wieviele Jahre (du-)hast / (er-/sie-)hat
Wie alt bist du / sind Sie?

♪ Tengo 20 años.
(ich-)habe 20 Jahre
Ich bin 20.

♪ No lo digo.
nicht es (ich-)sage
Das sage ich nicht.

♪ A ver si lo adivinas.
zu sehen ob es (du-)rätst
Mal sehen, ob du es rätst.

♪ ¿Cuántos años le das?
wieviele Jahre ihm (du-)gibst
Für wie alt hältst du ihn?

♪ Te doy treinta años.
dir (ich-)gebe dreißig Jahre
Ich schätze dich auf 30.

Casi ...
Fast ...

Más o menos ...
mehr oder weniger ...
Ungefähr ...

♪ Parece más joven.
(er-/sie-)scheint mehr jung
Er / Sie sieht jünger aus.

Familie

♪ ¿Cuántos hermanos tienes?
wieviele Brüder (du-)hast
Wieviele Geschwister hast du?

Tengo sólo un hermano.   **Se llama Emilio.**
(ich-)habe nur ein Bruder   *sich (er-)ruft Emilio*
Ich habe nur einen Bruder.   Er heißt Emilio.

¡Ah sí! Ahora me acuerdo.
ach ja jetzt mich (ich-)erinnere
Ach ja, jetzt erinnere ich mich.

Es él que vive en Zaragoza.
(er-)ist er dass (er-)lebt in Zaragoza
Das ist doch der, der in Zaragoza wohnt.

¿Cuándo vuelve tu marido?
wann (er-)zurückkommt dein Ehemann
Wann kommt dein Mann zurück?

Estás casado / casada?   **Sí.**
(du-)bist verheiratet(m/f)   *ja*
Bist du verheiratet?   Ja.

¿Tienes hijos?   **Tengo una hija.**
(du-)hast Söhne   *(ich-)habe eine Tochter*
Hast du Kinder?   Ich habe eine Tochter.

No estoy casado / casada.
nicht (ich-)bin verheiratet(m/f)
Ich bin nicht verheiratet.

¿Y tú?   **Tampoco.**
Und du?   Auch nicht.

¿Y tus padres viven todavía?   **Sí, claro.**
und deine Väter (sie-)leben noch   *ja klar*
Und deine Eltern leben noch?   Klar.

Siento que no puedas conocerlos.
(ich-)fühle dass nicht (du-)könnest kennenlernen-sie
Leider lernst du sie nicht kennen.

Tanto mejor que así estaremos solos.
soviel besser dass so (wir-)werden-sein allein
Um so besser, dann sind wir ja alleine.

padre / madre	Vater / Mutter
hermano / hermana	Bruder / Schwester
hijo / hija	Sohn / Tochter
tío / tía	Onkel / Tante
sobrino / sobrina	Neffe / Nichte
primo / prima	Cousin / Cousine
casado / casada	verheiratet *(m/f)*
soltero / soltera	ledig *(m/f)*
marido / esposa	Ehemann / Ehefrau

Berufe

🎧 **¿Qué profesión tiene / tienes?**
was Beruf (er-/sie-)hat / (du-)hast
Welchen Beruf haben Sie/hast du?

🎧 **¿Qué estudias?**   🎧 **Todavía voy a la escuela.**
was (du-)studierst   *noch (ich-)gehe zu die Schule*
Was studierst du?   Ich gehe noch zur Schule.

Lässt man die männlichen Berufsbezeichnungen auf **-a** enden, so werden sie weiblich:

ingeniera	Ingenieurin
profesora	Lehrerin *usw.*

Eingeladen sein

Soy ...	**parado**	arbeitslos
Ich bin ...	**obrero**	Arbeiter
	empleado	Angestellter
	pensionado	Rentner
	ama de casa	Hausfrau
	estudiante	Student
	ingeniero	Ingenieur
	profesor	Lehrer, Dozent
	secretaria	Sekretärin
	comerciante	Händler
	negociante	Geschäftsmann
	médico	Arzt
	enfermera	Krankenschwester
	mecánico	Mechaniker
	panadero	Bäcker
	carpintero	Tischler
	peluquero	Friseur
	guardia	Polizist
	técnico	Techniker

Weinlese, Huelva

Einkaufen

Auch im Euroland Spanien können sich die Preise ändern. Im Allgemeinen kann man heutzutage auch auf Märkten kaum noch handeln.

**¿En qué puedo servirle?**
in was (ich-)kann dienen-Ihnen
Womit kann ich Ihnen dienen?

Mit einem Smartphone kön-nen Sie sich die mit einem  gekennzeichneten Sätze dieses Kapitels anhören.

¿Tienen ustedes el disco „Avalancha" de Héroes del Silencio?
(sie-)haben Sie der Platte „Lawine" von Helden vom Stille
Haben Sie die Platte „Avalancha" von Héroes del Silencio?

No, no lo tengo.   **¿Y „Rarezas"?**
nein nicht ihn (ich-)habe   *und „Raritäten"*
Nein, die habe ich nicht.   Und „Rarezas"?

Sí, señor.   **Ése sí lo tenemos.**   **Aquí está.**
ja Herr   *dieser ja ihn (wir-)haben*   *hier (er-)ist*
Ja, mein Herr.   Diese haben wir.   Hier ist sie.

**¿Cuánto cuesta?**   **15 Euros.**
wieviel (er-)kostet   15 Euro.
Wieviel kostet das?

Necesito comprar un traje ligero.
(ich-)benötige kaufen ein Anzug leicht
Ich möchte einen leichten Anzug kaufen.

Einkaufen

¿De qué color lo desea?
von was Farbe ihn (er-/sie-)wünscht
Welche Farbe hätten Sie gerne?

De un color claro.   **Esto (no) me gusta.**
von ein Farbe hell   *dies (nicht) mir (es-)gefällt*
Eine helle Farbe bitte.   Das gefällt mir (nicht).

Su medida es 50, ¿verdad?
seine/ihre Größe ist fünfzig Wahrheit
Sie haben Größe 50, stimmt's?

No, creo que es 52.
nein (ich-)glaube dass (sie-)ist 52
Nein, ich glaube, das ist 52.

¿Qué precio tiene?
was Preis (er-)hat
Wie teuer ist das?

Es demasiado …
Es ist zu …

caro	teuer
pequeño	klein
grande	groß
ancho	weit
corto	kurz
largo	lang
oscuro	dunkel
claro	hell

Einkaufsliste

pulsera	Armband
cenicero	Aschenbecher
pila	Batterie
sello	Briefmarke
libro	Buch
película de diapositivas	Diafilm
abrelatas *(m)*	Dosenöffner
película	Film
bombilla	Glühbirne
cinturón	Gürtel
vaqueros *(Mz)*	Jeans
peine *(m)*	Kamm
vela	Kerze
sacacorchos *(m)*	Korkenzieher
esparadrapo	Pflaster
disco compacto	CD
postal *(f)*	Postkarte
anillo	Ring
crema bronceadora	Sonnencreme
aceite bronceador *(m)*	Sonnenöl
mapa *(m)* **de la ciudad**	Stadtplan
cerillas *(Mz)*	Streichhölzer
papel *(m)* **higiénico**	Toilettenpapier
reloj *(m)*	Uhr
pañales *(Mz)*	Windeln
cepillo de dientes	Zahnbürste
pasta de dientes	Zahnpasta
revista	Zeitschrift
periódico	Zeitung
adaptador *(m)*	Zwischenstecker

Einkaufen

an der Reihe sein

Lo siento, pero ahora me toca a mí.
es (ich-)fühle aber jetzt mich (es-)berührt zu mir
Tut mir Leid, aber jetzt bin ich dran.

Llevo media hora esperando.
(ich-)trage halbe Stunde wartend
Ich warte schon seit einer halben Stunde.

Ah perdone, pensaba que me tocara a mí.
*ach entschuldige(-er/-sie) (ich-)dachte dass mich
(es-)berührte zu mir*
Entschuldigung, ich dachte, ich wäre dran.

Auf dem Markt

¡Buenas!
gute
Tag!

¿Cómo está?
wie (er-/sie-)ist
Wie geht's?

Bien, como siempre.
gut wie immer
Gut, wie immer.

¿Qué quiere?
was (er-/sie-)will
Was möchten Sie?

Quiero comprar manzanas y patatas.
(ich-)will kaufen Äpfel und Kartoffeln
Ich möchte Äpfel und Kartoffeln.

¿A cuánto están esas manzanas verdes?
zu wieviel (sie-)sind diese Äpfel grüne
Wieviel kosten diese grünen Äpfel?

Dos euros el kilo.
zwei Euros der Kilo
2 Euro das Kilo.

¿Y las patatas?
und die Kartoffeln
Und die Kartoffeln?

Un euro cuarenta el kilo.
ein Euro vierzig der Kilo
1 Euro 40 das Kilo.

Entonces déme un kilo de manzanas y dos de patatas.
dann (er-/sie-)gebe-mir ein Kilo von Äpfel und zwei von Kartoffeln
Dann bitte ein Kilo Äpfel und zwei Kilo Kartoffeln.

A ver, son cuatro euros y ochenta en total.
zu sehen (sie-)sind vier Euro und achtzig in ganz
Mal sehen, das sind 4 Euro und 80 zusammen.

¡Oh, demasiado caro!
oh zu-sehr teuer
Oh, zu teuer!

Solamente tengo cuatro euros.
nur (ich-)habe vier Euros
Ich habe nur vier Euro.

Soy un pobre estudiante ...
(ich-)bin ein armer Student
Ich bin nur ein armer Student ...

Bueno, deme cuatro.
gut (er-/sie-)gebe-mir vier
Na gut, dann geben Sie mir vier.

⟩ Usted es muy amable.
Sie sind sehr freundlich.

⟩ ¡Adiós!
Tschüss.

Wochenmarkt, Santiago de Compostela

Lebensmittel

manzana	Apfel
plátano	Banane
pan *(m)*	Brot
panecillo	Brötchen
mantequilla	Butter
huevo	Ei
helado	Eis (Speiseeis)
pescado	Fisch
carne *(f)*	Fleisch
pepino	Gurke
pollo	Hähnchen
miel *(f)*	Honig
patatas	Kartoffeln
queso	Käse
galletas	Kekse
lechuga	Kopfsalat
pastel *(m)*	Kuchen
mariscos	Meeresfrüchte
leche *(m)*	Milch
naranja	Orange
chorizo	Paprikasalami
arroz *(m)*	Reis
zumo	Saft
chocolate *(m)*	Schokolade
jamón *(m)*	Schinken
tarta	Torte
tomate *(m)*	Tomate
salchichón *(m)*	(Dauer-)Wurst
salchicha	Würstchen
limón *(m)*	Zitrone
cebolla	Zwiebel

Essen und Trinken

Es gibt viele Möglichkeiten, sich in Spanien zu verpflegen. Die **restaurantes** tragen verschiedene Bezeichnungen, von denen ich die häufigsten erkläre:

Mit einem Smartphone können Sie sich die mit einem 🎧 gekennzeichneten Sätze dieses Kapitels anhören.

albergue de carretera
Sie steht an größeren Landstraßen, man kann dort essen und übernachten.

bar
Straßencafé, auch zum Frühstücken; es gibt Kaffee, andere Getränke und kleine Speisen

bar americano
Ein Nachtklub, in dem man meist nur alkoholische Getränke zu sich nimmt.

bodega
Eine einfach eingerichtete Weinstube.

café – cafetería
Man bekommt hier Kaffee, viele andere Getränke und Eis, aber keinen Kuchen.

fonda
Ein Landgasthof, in dem man traditionell und reichhaltig speist, z. T. mit Übernachtung.

horchatería
Milchbar, nur Nicht-Alkoholisches, Eis. Die namensgebende **horchata** ist ein süßes milchiges Erfrischungsgetränk aus Erdmandeln

hostal – hostería
Eine volkstümliche Gaststätte mit Spezialitäten der lokalen Küche, meist innerorts. Ein **hostal** bietet auch Übernachtungen.

Essen und Trinken

marisquería
Fisch- und Meeresfrüchte-Restaurant.

pastelería – confitería
Konditoreien, in denen man auch Kaffee trinken kann, nur in größeren Städten.

posada
Altertümlicher Landgasthof, der hauptsächlich regionale Spezialitäten bietet.

refugio de montaña
Bewirtschaftete Schutzhütte in den Bergen.

taberna
Entspricht etwa unserer „Kneipe", aber es gibt hier eine große Auswahl an **tapas**, den legendären spanischen Appetithäppchen.

tasca
Die klassische **tapas**-Bar, aber volkstümlich.

venta
Dies ist ein volkstümlich-rustikal eingerichtetes Speiselokal auf dem Land.

Spanische Spezialitäten

Tapas: olivas

tapas – Appetithäppchen in jeder erdenklichen Variation, in jeder **bar** und **tasca** zu bekommen, stehen im Mittelpunkt einer ganzen kulinarischen Kultur. Sie werden meist stehend an der Theke verzehrt. Eine etwas größere Portion heißt **ración**.

pinchos – Aufwendiger als die üblichen **tapas**, oft auf Weißbrotscheiben mit Zahnstochern festgemacht, typisch für Nordspanien. In Madrid auch **montaditos** genannt.

albóndigas – kleine Fleischklößchen in Soße
bacalao al pil pil – baskisches Stockfischgericht, in heißem Knoblauchöl gebraten
callos – Rindermagen in Tomatensoße.
cochinillo asado – Spanferkel (sehr jung!)
cocido – Eintopf aus Kichenerbsen, Gemüse (oft Kohl) und Fleisch, getrennt serviert
empanadas – mit Thunfisch oder Fleisch gefüllte kleine Pasteten, typisch für Galicien
fabada – Bohneneintopf aus Asturien
gazpacho andaluz – erfrischende kalte Suppe aus Gemüse, Brot, Knoblauch und Olivenöl
guiso – Schmorgericht, ähnlich wie Gulasch
paella – ursprünglich valencianisches Reisgericht, in einer flachen Metallplatte zubereitet: gelber Safranreis mit Hähnchen, Kaninchen, Fisch, Meeresfrüchten und Gemüse
pescaíto frito – fritierte Sardellen und anderer Kleinfisch, typisch andalusisch
pimientos a la riojana – mit Hackfleisch gefüllte rote Paprikaschoten
pinchos morunos – kleine Fleischspieße, mit Kreuzkümmel exotisch gewürzt
pisto manchego – Schmorgericht aus verschiedenem Gemüse, ähnlich wie Ratatouille
pulpo a la feria – gekochte Oktopusstücke mit Paprikapulver und Olivenöl (Galicien)
sopa de ajo – Knoblauchsuppe mit gebratenen Brotstückchen und Paprika
tortilla – Omelett, aus Kartoffeln, Eiern und Zwiebeln **(tortilla española)** oder flach und nur aus Eiern **(tortilla francesa)**

Tapas: patatas bravas

bestellen

¿Puedo ver la carta?
(ich-)kann sehen die Karte
Kann ich die Karte bekommen?

¿Tiene usted ... ?	Haben Sie ... ?
¿Qué quieren?	Was wollen Sie?
¿Qué desean?	Was möchtenSie?
¿Qué toman?	Was nehmen Sie?
Quiero ..	Ich will ...
Quisiera ...	Ich möchte ...
Tomo ...	Ich nehme / trinke ...
Tomaré ...	Ich werde ... nehmen.
Tomaremos ...	Wir werden ... nehmen.
Queremos ...	Wir wollen ...
Deme ...	Geben Sie mir ...
Denos ...	Geben Sie uns ...

¿A qué hora cierran?
zu was Stunde (sie-)schließen
Wann schließen Sie?

¿A qué hora empiezan a servir la cena?
zu was Stunde (sie-)anfangen zu servieren die Abendessen
Ab wann wird das Abendessen serviert?

¿Podría traerme / traernos ... ?
(er-/sie-)könnte bringen-mir / bringen-uns
Könnten Sie mir / uns bitte ... bringen?

Quisiera una mesa para dos / tres / cuatro / seis.
(ich-)möchte eine Tisch für zwei / drei / vier / sechs
Ich möchte einen Tisch für 2 / 3 / 4 / 6 Personen.

🎵 Tráigame, por favor ...
Bringen Sie mir bitte ...

un pollo asado	ein Hähnchen
patatas fritas	Pommes frites
un helado de fresa	ein Erdbeereis
una naranjada	eine Orangenlimonade
un bistec	ein Steak
unos pasteles	Pasteten / Gebäck
una sopa de tomate	eine Tomatensuppe

Me falta ...
Mir fehlt ...

el cuchillo	das Messer
el tenedor	die Gabel
el plato	der Teller
el vaso	das Glas
la cuchara	der Löffel
la servilleta	die Serviette

Bei Tisch

Pásame ..., por favor. **¿Quieres ... ?**
Gib mir bitte ... .   Möchtest du ... ?

el pan	das Brot
el queso	der Käse
el azúcar	der Zucker
la sal	das Salz
la pimienta	der Pfeffer
la ensalada	der Salat (Zubereitung)
la mantequilla	die Butter
la leche	die Milch

¿Te gusta ... ?
Schmeckt dir / Magst du ...? / Gefällt dir ...?

esta cena	dieses Abendessen
esta comida	dieses Essen
este almuerzo	dieses Mittagessen
este desayuno	dieses Frühstück
este plato	dieses Gericht
este restaurante	dieses Restaurant

¡Que aproveche!   **... me gusta mucho.**
Guten Appetit!   ... schmeckt mir sehr.

este emparedado	dieses Sandwich
este bocadillo	dieses belegte Baguette
este postre	dieser Nachtisch
este legumbre	dieses Gemüse
esta ensalada	dieser Salat
esta fruta	dieses Obst
esta sopa	diese Suppe

Este (Esta) ... está delicioso(-a) / rico(-a).
Dieser (-e) ... schmeckt hervorragend / lecker.

filete, solomillo	Filet
lomo	Lendenstück

chuleta	Kotelett
costilla	Rippe
carne de buey	Rindfleisch
carne de cerdo	Schweinefleisch
carne de cordero	Lammfleisch
carne de pollo	Hühnerfleisch
carne de ternera	Kalbfleisch

Pan con tomate y jamón, Cataluña

Im Café

una taza de ...	eine Tasse ...
una botella de ...	eine Flasche ...
un vaso de ...	ein Glas ...

bocadillo de queso	Baguettebrötchen m. Käse
... de jamón *(m)*	mit Schinken
... de huevo	mit Ei
... de atún *(m)*	mit Thunfisch

helado de fresa	Erdbeereis
... de chocolate	Schokoladeneis
... de vainilla	Vanilleeis

zumo de fruta	Fruchtsaft
... de manzana	Apfelsaft
... de naranja	Orangensaft
agua mineral	Mineralwasser
coca	Cola
gaseosa	Limonade (Typ *Sprite*)
café (solo) *(m)*	Kaffee (schwarz)
(con / sin) azúcar	(mit / ohne) Zucker
(con / sin) leche	(mit / ohne) Milch
chocolate *(m)*	Kakao
té	Tee
cerveza	Bier
vino tinto	Rotwein
vino blanco	Weißwein
jerez *(m)*	Sherry
cava *(m)*	spanischer Sekt
sidra	Apfelwein

Achtung:
cola = „*Schwanz*"!

¡Salud!
Prost!

bezahlen

🔊 **Queremos pagar.**
(wir-)wollen zahlen
Wir möchten zahlen.

🔊 **¿Pagan juntos?**
(sie-)zahlen zusammen
Zahlen Sie zusammen?

Wenn Sie mit spanischen Freunden im Café oder Restaurant gewesen sind, zahlt zuerst nur einer. Die anderen geben ihm nachher soviel, wie sie meinen, verzehrt zu haben. Man gibt dem Kellner Trinkgeld, obwohl ein Bedienungsgeld schon im Preis enthalten ist.

Das genaue getrennte Abrechnen ist nicht üblich. Deshalb sollte man auch nicht auf getrennte Rechnungen bestehen.

¿Cuánto es?
wieviel (es-)ist
Was macht das?

La cuenta, por favor.
die Rechnung durch Gefallen
Die Rechnung, bitte.

¿El servicio está incluido?
der Service (er-)ist inbegriffen
Ist die Bedienung inbegriffen?

Quédese con la vuelta.
(er-/sie-)bleibe-sich mit die Wechselgeld
Der Rest ist für Sie.

Eso es para usted.
das-da (es-)ist für Sie
Das ist für Sie.

reklamieren

Esto no es lo que he pedido.
dies nicht (es-)ist das dass (ich-)habe verlangt
Das habe ich nicht bestellt.

¿Puede cambiarme esto?
(er-/sie-)kann wechseln-mir dies
Können Sie mir das umtauschen?

Está demasiado dulce / salado / amargo.
(es-)ist zuviel süß / salzig / bitter
Das ist zu süß / salzig / bitter.

Toilette

So kann man sich nach Toiletten erkundigen:

¿Hay por aquí un servicio público?
es-gibt durch hier ein Dienst öffentlich
Gibt es eine öffentliche Toilette hier in der Nähe?

¿Dónde están los servicios?
Wo sind die Toiletten?

Perdone, ¿dónde está el lavabo?
Entschuldigung, wo ist die Toilette?

¿Puede darme papel higiénico?
(er-/sie-)kann geben-mir Papier hygienisch
Können Sie mir Toilettenpapier geben?

El sifón del retrete no funciona.
der Siphon vom Klo nicht (er-)funktioniert
Die Spülung geht nicht.

Falta jabón y una toalla.
Es fehlt Seife und ein Handtuch.

Aufschriften	
CABALLEROS	Herren
SEÑORAS / DAMAS	Damen
OCUPADO	besetzt
LIBRE	frei

Unterwegs

Es folgen einige Sätze, die dabei helfen, sich unterwegs zurechtzufinden.

in der Stadt

🔊 **¿Puede decirme dónde está la universidad?**
(er-/sie-)kann sagen-mir wo (sie-)ist die Universität
Können Sie mir sagen, wo die Universität ist?

🔊 **Oiga, por favor, ¿hay un banco por aquí cerca?**
(er-/sie-)höre durch Gefallen es-gibt ein Bank durch hier nah
Hören Sie bitte, gibt es hier in der Nähe eine Bank?

🔊 **Perdone, ¿para ir a la estación?**
(er-/sie-)verzeihe für gehen zu die Station
Verzeihung, wo geht's hier zum Bahnhof?

🔊 **¿Dónde se encuentra la oficina de Correos?**
wo sich (sie-)befindet die Büro von Post
Wo ist das Postamt?

primero	zuerst
después	dann, danach
luego	dann, später
al final	schließlich
la primera calle	die erste Straße
la segunda ...	die zweite Straße
la tercera ...	die dritte Straße
la última ...	die letzte Straße

coja	nehmen Sie	coge	nimm
tome	nehmen Sie	toma	nimm
gire	biegen Sie ab	gira	biege ab
siga	gehen Sie weiter	sigue	geh weiter
cruce	überqueren Sie	cruza	überquere
vaya	gehen Sie	ve	geh

🔊 **Está ...**
Es ist ...

🔊 **a la derecha.**	rechts.
🔊 **a la izquierda.**	links.
🔊 **todo recto.**	geradeaus.
aquí / ahí / allí	hier / da / dort.
al lado de ...	neben ...
🔊 **cerca.**	in der Nähe.
🔊 **lejos.**	weit weg.
🔊 **al fondo.**	da hinten.
al final de ...	am Ende von ...

Viele Geschäfte haben eine Bezeichnung, die auf **-ería** endet So wird z. B. aus **zapato** (Schuh) **zapatería** (Schuhgeschäft).

avenida	Allee
ayuntamiento	Rathaus
bar *(m)*	Café / Bar
barrio	Stadtteil
camino	Weg
carnicería	Metzgerei
casco viejo	Altstadt
castillo	Burg, Schloss
catedral *(f)*	Kathedrale

centro	Zentrum
cine	Kino
embajada	Botschaft
escuela	Schule
farmacia	Apotheke
iglesia	Kirche
lavandería	Wäscherei
librería	Bücherladen
mercado	Markt
monumento	Denkmal
panadería	Bäckerei
papelería	Schreibwarenladen
parque *(m)*	Park
plaza	Platz
tienda	Laden
zapatería	Schuhgeschäft

Plaza Mayor, Madrid

Post / Bank

🗣 **Quisiera dos sellos para cartas a Alemania.**
Ich möchte zwei Briefmarken für Briefe nach
Deutschland.

🗣 **¿Cuánto cuesta una postal a Alemania /
Austria / Suíza?**
Wieviel kostet eine Postkarte nach
Deutschland / Österreich / Schweiz?

🗣 **¿Dónde puedo comprar sellos?**
wo (ich-)kann kaufen Briefmarken
Wo kann ich Briefmarken kaufen?

🗣 **En el estanco.**
Im Tabakladen.

🗣 **¿Dónde puedo llamar por teléfono, por favor?**
wo (ich-)kann rufen durch Telefon durch Gefallen
Wo kann ich bitte telefonieren?

Quiero cambiar cien dólares en euros.
(ich-)will wechseln hundert Dollars in Euros
Ich möchte 100 Dollar in Euro tauschen.

Quiero doscientos euros.
(ich-)will zweihundert Euros
Ich möchte 200 Euro.

¿Cuánto es en francos suízos?
wieviel (es-)ist in Franken schweizerische
Wieviel ist das in Schweizer Franken?

Eine Unterkunft suchen

¿Hay ...?	Gibt es ... ?
¿Tiene usted ...?	Haben Sie ... ?
Quisiera ...	Ich möchte ...
Quisiéramos ...	Wir möchten ...
una habitación	ein Zimmer
dos habitaciones	zwei Zimmer
con baño	mit Bad
con ducha	mit Dusche
con dos camas	mit zwei Betten
con agua corriente	mit fließendem Wasser
con televisión	mit Fernseher
con radio	mit Radio
Sólo una noche.	Nur eine Nacht.
Para unos días.	Für einige Tage.
Para una semana.	Für eine Woche.

No sé hasta cuándo me voy a quedar.
nicht (ich-)weiß bis wann mich (ich-)gehe zu bleiben
Ich weiß noch nicht, wie lange ich bleiben werde.

¿Cuánto cuesta ...	Wieviel kostet es ...
... con desayuno?	... mit Frühstück?
... con pensión completa?	... mit Vollpension?
... por noche?	... pro Nacht?
... por semana?	... pro Woche?
Es demasiado caro.	Es ist zu teuer.
No me gusta.	Es gefällt mir nicht.

¿Puedo ver la habitación?
(ich-)kann sehen die Zimmer
Kann ich das Zimmer sehen?

Muy bien, la tomo.
sehr gut sie (ich-)nehme
Gut, ich nehme es.

Auf dem Lande

animal *(m)*	Tier
árbol *(m)*	Baum
arena	Sand
bosque *(m)*	Wald
cabaña	Hütte
caminar	gehen, wandern
campo	Feld
catarata	Wasserfall
cerro	Gipfel
costa	Küste
cueva	Höhle
dunas	Dünen
embalse *(m)*	Stausee
flor *(f)*	Blume
hacienda	Farm, Landgut
isla	Insel
lago	See
mar *(m)*	Meer
meseta	Hochebene
montaña	Berg
nadar	schwimmen
ola	Welle
playa	Strand
punta	Spitze
río	Fluss
sierra	Gebirgskette
sombra	Schatten
subir	hinaufsteigen
valle *(m)*	Tal
vega	Flussaue
este *(m)*	Osten

norte *(m)*	Norden
oeste *(m)*	Westen
sur *(m)*	Süden

Das Wetter

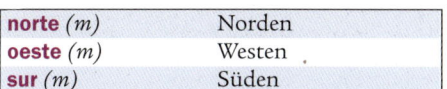

Hace calor.	Es ist warm.
(es-)macht Wärme	
Hace frío.	Es ist kalt.
(es-)macht Kälte	
Hace sol.	Die Sonne scheint.
(es-)macht Sonne	
Hace buen tiempo.	Es ist gutes Wetter.
(es-)macht gut Wetter	
Hace mal tiempo.	Es ist schlechtes Wetter.
(es-)macht schlecht Wetter	
Hace viento.	Es ist windig.
Corre aire.	Es ist windig.
(er-)läuft Luft	
Llueve mucho.	Es regnet viel.
Llovió un poco.	Es regnete ein bisschen.

*In vielen Redewendungen zur Angabe des Wetters wird das Wort **hacer** (machen) gebraucht. Für die Vergangenheit gebraucht man **hacía** anstatt **hace**:*
Hacía sol.
= Die Sonne schien.

En invierno nieva algunas veces.
in Winter (es-)schneit einige Male
Im Winter schneit es manchmal.

Hace treinta grados a la sombra.
(es-)macht dreißig Grad zu die Schatten
Es ist 30 Grad im Schatten.

Hace dos grados sobre / bajo cero.
(es-)macht zwei Grad über / unter Null
Es ist 2 Grad über / unter 0.

... mit öffentlichen Verkehrsmitteln

Fernreisebusse halten hauptsächlich am örtlichen Busbahnhof. Man kann in diesen Bussen selbst keine Fahrkarten kaufen, sondern muss sie sich (am besten einen Tag vorher) am Schalter besorgen.

Oft sind die Karten numeriert und werden ausgerufen. Es ist deshalb wichtig, die Zahlen zu kennen!

Quiero un billete para Barcelona.
(ich-)will ein Fahrschein für Barcelona
Ich möchte eine Karte nach Barcelona.

¿Para cuándo?	Für wann?
¿A qué hora?	Um wieviel Uhr?
¿Qué clase?	Welche Klasse?

El próximo autobús.
der nächste Bus
Für den nächsten Bus.

Para las ocho de la tarde.
für die acht von die Nachmittag
Für 8 Uhr abends.

Un billete de ida y vuelta a Madrid, por favor.
*ein Fahrschein von Fahrt und Rückkehr zu
Madrid durch Gefallen*
Eine Rückfahrkarte nach Madrid, bitte.

¿Cuánto cuesta el viaje a Toledo?
wieviel (er-)kostet der Reise zu Toledo
Wieviel kostet die Fahrt nach Toledo?

🎵 **¿Dónde tengo que cambiar de tren?**
wo (ich-)habe dass wechseln von Zug
Wo muss ich umsteigen?

🎵 **¿Dónde puedo comprar los billetes?**
wo (ich-)kann kaufen die Fahrkarten
Wo kann ich die Fahrkarten kaufen?

🎵 **¿Hay que sacar un suplemento para este tren?**
es-gibt dass ziehen ein Zuschlag für dieser Zug
Muss man Zuschlag für diesen Zug zahlen?

🎵 **¿Dónde hay una ventanilla?**
wo es-gibt eine Fensterchen
Wo gibt's einen Fahrkartenschalter?

agotado	ausverkauft	**llegada**	Ankunft
aeropuerto	Flughafen	**lleno**	voll
asiento	Sitzplatz	**maleta**	Koffer
autopista	Autobahn	**moto** *(w)*	Motorrad
autovía	Schnellstraße	**ocupado**	besetzt
avión *(m)*	Flugzeug	**parada**	Haltestelle
barco	Schiff	**peaje** *(m)*	Maut
bicicleta	Fahrrad	**precio**	Preis
billete	Fahrkarte	**primera**	erste Klasse
camión *(m)*	Lastwagen	**puerto**	Hafen
carretera	Landstraße	**rebaja**	Ermäßigung
clase *(f)*	Klasse	**salida**	Abfahrt
coche *(m)*	Auto, Pkw	**segunda**	zweite Klasse
equipaje *(m)*	Gepäck	**tren** *(m)*	Zug
esperar	warten	**ventana**	Fenster
estación *(f)*	Bahnhof	**ventanilla**	Schalter
ida y vuelta	Hin- u. Rückfahrt	**viaje** *(m)*	Reise

... im eigenen Wagen

eje *(m)*	Achse
arranque *(m)*	Anlasser
tubo de escape	Auspuff
batería	Batterie
intermitente *(m)*	Blinker
freno	Bremse
empaquetadura	Dichtung
gasóleo *(m)*	Diesel
repuesto, **recambio**	Ersatzteil
filtro	Filter
marcha	Gang
acelerador *(m)*	Gaspedal
transmisión *(f)*	Getriebe
cable *(m)*	Kabel
correa	Keilriemen
radiador *(m)*	Kühler
embrague *(m)*	Kupplung
luces	Lampe
volante *(m)*	Lenkrad
dinamo *(f)*	Lichtmaschine
filtro de aire	Luftfilter
gasolina	Normalbenzin
aceite	Öl
bomba (de gasolina)	(Benzin-)Pumpe
rueda	Rad
neumático	Reifen
cambio de marchas	Schaltung
manguera	Schlauch
destornillador *(m)*	Schraubenzieher
fusible *(m)*	Sicherung

amortiguador *(m)*	Stoßdämpfer
válvula	Ventil
carburador *(m)*	Vergaser
agua	Wasser
bujía	Zündkerze

Panne

🔊 **Por favor, llame a la policía.**
durch Gefallen (er-/sie-)rufe zu die Polizei
Rufen Sie bitte die Polizei.

🔊 **Tuve un accidente.**   🔊 **¿Puede ayudarme ... ?**
(ich-)hatte ein Unfall   *(er-/sie-)kann helfen-mir*
Ich hatte einen Unfall.   Können Sie mir helfen?

🔊 **¿Puede remolcarme?**
(er-/sie-)kann abschleppen-mich
Können Sie mich abschleppen?

Pienso que el / la ... no funciona bien.
(ich-)glaube dass der / die ... nicht funktioniert gut
Ich glaube, der / die ... funktioniert nicht richtig.

¿Puede arreglar el / la ... ?
(er-/sie-)kann reparieren der / die
Können Sie den / die ... reparieren?

🔊 **¿Cuánto me va a costar?**
wieviel mir (es-)geht zu kosten
Wieviel wird das kosten?

Da in vielen Städten und Dörfern die Straßen sehr schmal sind, herrscht auf einer Straßenseite Parkverbot. Oft allerdings wechselt die Seite mit dem Parkverbot zur Hälfte des Monats. Dies wird durch ein Zusatzschild angezeigt: „1–15" heißt „Parkverbot bis zum 15. des Monats", auf der gegenüberliegenden Straßenseite steht dann entsprechend „16–31".

Verwechseln Sie nicht die beiden ähnlich klingenden Wörter 🔖 gasóleo (Diesel) und 🔖 gasolina (Benzin)!

🔖 **¿Sabe usted dónde hay un puesto de gasolina?**
(er-/sie-)weiß Sie wo es-gibt ein Stelle von Benzin
Wissen Sie, wo es hier eine Tankstelle gibt?

🔖 **¿Hay un taller de reparaciones por aquí cerca?**
es-gibt ein Werkstatt von Reparaturen durch hier nah
Gibt es hier in der Nähe eine Reparaturwerkstatt?

Verkehrsschilder

Die eigentlichen Verkehrsschilder sind die gleichen wie bei uns in Deutschland. Zusätzlich kann aber auch eines der nebenstehenden Schilder angebracht worden sein.

ADUANA	Zoll
AL PASO	Schritt fahren
CALZADA DETERIORADA	Fahrbahnschäden
CALZADA ESTRECHA	verengte Fahrbahn
CALZADA RESBALADIZA	Schleudergefahr
CEDA EL PASO	Vorfahrt gewähren
CURVA PELIGROSA	gefährliche Kurve
DESPACIO	langsam
DESVÍO	Umleitung
DIRECCIÓN OBLIGATORIA	Einbahnstraße
ESCUELA	Schule
ESTACIONAMIENTO PROHIBIDO	Parkverbot
LUZ DE CRUCE	Abblendlicht
OBRAS	Baustelle
PARE oder **ALTO**	Anhalten
PASO A NIVEL	Bahnübergang
PEAJE	Straßenmaut
PROHIBIDO EL PASO	Einfahrt verboten
PROHIBIDO ADELANTAR	Überholverbot
VADO PERMANENTE	Ausfahrt freihalten

Kommunikation unterwegs

Internet-Cafes gibt es natürlich auch in Spanien inzwischen fast überall.

¿Cuál es tu dirección de correo electrónico?
welche (sie-)ist deine Adresse von Post elektronisch
Wie ist deine Email-Adresse?

¿Cúanto pago para una hora en internet?
wie viel (ich-)zahle für eine Stunde in Internet
Was zahle ich für eine Stunde Internet?

¿Puedo imprimir páginas?
(ich-)kann drucken Seiten
Kann ich Seiten ausdrucken?

Handy

Handys sind so verbreitet wie bei uns. Man sollte sich bereits vor der Abfahrt nach Roamingpartner und Kosten erkundigen.

Auch der Kauf einer spanischen SIM-Karte zum dortigen Gebrach kann sich günstig auf die Kosten auswirken.

(teléfono) móvil	Mobiltelefon, Handy
(Telefon) beweglich	
tarjeta de recarga	Karte zum Aufladen
red *(f)*	Netz

Kommunikation unterwegs

¿Tienes un móvil?
(du-)hast ein beweglich
Hast du ein Handy?

¿Cuál es tu número?
welches (er-)ist deine Nummer?
Welche Nummer hast du?

¿Quisiera comprar un teléfono móvil prepago.
(ich-)möchte kaufen ein Telefon beweglich Vorzahlung
Ich möchte mir ein Prepaid-Handy kaufen.

¿Dónde puedo comprar una tarjeta prepago para una nueva línea?
wo (ich-)kann kaufen eine Karte Vorbezahlung für eine neue Linie
Wo kann ich eine Prepaid-Karte mit einer neuen Telefonnummer kaufen?

¿Dónde y cómo puedo recargar mi saldo?
wo und wie (ich-)kann ich wiederaufladen mein Konto
Wo und wie kann ich mein Konto wieder aufladen?

Wenn man per Festnetz **(red fija)** telefonieren möchte, findet man überall Telefonzellen **(cabinas telefónicas)**. Wie in den meisten Ländern benötigt man auch in Spanien dafür heutzutage oft Telefonkarten. Sehr häufig sind in den Städten die privaten Telefonzentralen **(locutorios)**, die oft von Migranten betrieben werden.

Krank sein

Es empfiehlt sich natürlich nicht, im Urlaub krank zu werden. Sollte es doch passieren, dann fragt man:

🔊 **¿Dónde hay ... ?**
Wo gibt es ... ?

🔊 **... una farmacia?**	... eine Apotheke?
🔊 **... un médico?**	... einen Arzt?
🔊 **... un hospital?**	... ein Krankenhaus?

Mit einem Smartphone kön-nen Sie sich die mit einem 🔊 gekennzeichneten Sätze dieses Kapitels anhören.

Me ha picado ...   **Me ha mordido ...**
Mich hat ... gestochen.   Mich hat ... gebissen.

... una abeja.	... eine Biene
... una avispa.	... eine Wespe
... una medusa.	... eine Qualle
... un mosquito.	... eine Mücke
... un perro.	... ein Hund
... una serpiente.	... eine Schlange

Necesito algo contra ...
Ich brauche etwas gegen ...

... los dolores.	Schmerzen
... los dolores de cabeza.	Kopfschmerzen
... las náuseas.	Übelkeit
... la tos.	Husten
... la fiebre.	Fieber
... quemaduras del sol.	Sonnenbrand
... picaduras.	Insektenstiche

ᔕ Me duele aquí.
mich (es-)schmerzt hier
Hier tut es weh.

ᔕ Me duelen los ojos.
mir (sie-)schmerzen die Augen
Meine Augen schmerzen.

ᔕ Me siento mareado.
mich (ich-)fühle schwindelig
Mir ist schwindelig.

ᔕ Tengo dolores de estómago / cabeza / espalda.
(ich-)habe Schmerzen von Magen / Kopf / Rücken
Ich habe Magen- / Kopf- / Rückenschmerzen.

ᔕ Me corté el dedo.
mich (ich-)schnitt der Finger
Ich habe mir in den Finger geschnitten.

ᔕ Me quemé aquí.
mich (ich-)verbrannte hier
Ich habe mich hier verbrannt.

ᔕ Me caí.
mich (ich-)fiel
Ich bin hingefallen.

ᔕ Me resbalé.
mich (ich-)ausglitt
Ich bin ausgerutscht.

ᔕ Necesito un recibo y un diagnóstico detallado para mi seguro.
(ich-)brauche ein Quittung und ein Diagnose detailliert für mein Versicherung
Ich brauche eine Quittung und einen Diagnosebericht für meine Versicherung.

Zahnarzt

🎵 **Tengo dolor de muelas.**
(ich-)habe Schmerz von Backenzähne
Ich habe Zahnschmerzen.

🎵 **Por favor, no me lo saque.**
durch Gefallen nicht mir ihn (er-/sie-)ziehe
Bitte den Zahn nicht ziehen.

🎵 **Por favor, déme una inyección.**
durch Gefallen (er-/sie-)gebe-mir eine Spritze
Geben Sie mir bitte eine Spritze.

🎵 **No quiero una inyección.**
nicht (ich-)will eine Spritze
Ich möchte keine Spritze.

farmacia	Apotheke
oculista *(m)*	Augenarzt
cirujano	Chirurg
ginecólogo	Frauenarzt
dermatólogo	Hautarzt
otorrinolaringólogo	HNO-Arzt
internista *(m)*	Internist
hospital *(m)*	Krankenhaus
receta	Rezept
comprimido	Tablette
gotas *(Mz)*	Tropfen
accidente *(m)*	Unfall
dentista *(m)*	Zahnarzt
supositorio	Zäpfchen

Lateinamerikanisches Spanisch

Die Anredeform ist sehr verschieden:

el voseo

Demenstprechend kommen auch die Personenendungen der 2. Person Mz. am Verb in Lateinamerika nicht vor. Für **vos** *gibt es hingegen eine eigene Endung am Verb. Dieser sog.* **voseo** *ist in Argentinien und Uruguay am stärksten ausgeprägt. In manchen anderen Ländern gehört er nur zur Umgangssprache.*

In Lateinamerika gibt es kein **vosotros** (ihr). Stattdessen benutzt man **ustedes** (Sie, Mz) auch für die 2. Person Mehrzahl. Außerdem wird in vielen lateinamerikanischen Ländern **tú** durch die Form **vos** (du) ersetzt.

	Spanien	Lateinamerika
du singst	**tú cantas**	**vos cantás**
ihr singt	**vosotros**	**ustedes**
	cantáis	**cantan**

el seseo

Auch in der Aussprache gibt es Unterschiede.

Und schließlich gibt es auch im Wortschatz viele Unterschiede, besonders bei Ausdrücken des täglichen Lebens.

z und **c** (bei **ce**, **ci**):
(E) wie englisches th;
(LA) immer wie deutsches scharfes ss
ll und **y** vor Vokal:
(E) wie j in „Junge" oder lj in „Billard";
(ARG / URU) wie sch in „Dschungel,
in den anderen Ländern meist wie j in „Junge"
s und **z** am Wort- und Silbenende:
(in vielen Ländern in LA) nur leicht gehaucht
feliz (glücklich) *felih*, **estoy** (ich bin) *ehtoj*

Unregelmäßige Verbformen

Mit den Regeln und Verbformen, die im Grammatikteil behandelt worden sind, kann man sich als beherzter Kauderwelschler schon recht gut verständigen. Allerdings gibt es im Spanischen eine Reihe von unregelmäßigen Verben, die typischerweise eher die häufiger gebrauchten sind. Wer es also genauer wissen möchte, für den gebe ich hier die 1. Person Einzahl Gegenwart und **indefinido** (Vergangenheit) sowie das Partizip, das man für das „haben"-Perfekt benötigt, einiger wichtiger Verben an.

Grundform	Gegenwart	Vergangh.	Partizip	
abrir	abro	abrí	abierto	öffnen
andar	ando	anduve	andado	zu Fuß gehen
conducir	conduzco	conduje	conducido	(selbst) fahren
dar	doy	di	dado	geben
decir	digo	dije	dicho	sagen
escribir	escribo	escribí	escrito	schreiben
hacer	hago	hice	hecho	machen, tun
ir	voy	fui	ido	gehen
poner	pongo	puse	puesto	legen, stellen
querer	quiero	quise	querido	wollen
romper	rompo	rompí	roto	(zer)brechen
saber	sé	supe	sabido	wissen
tener	tengo	tuve	tenido	haben
traer	traigo	traje	traído	bringen
venir	vengo	vine	venido	kommen
ver	veo	vi	visto	sehen
volver	vuelvo	volví	vuelto	zurückkehren

Wörterliste Deutsch – Spanisch

Skulptur von Roy Liechtenstein, Barcelona

Dieses Vokabular bietet einen Grundwortschatz mit mehr als 1000 häufig gebrauchten spanischen Wörtern. Wenn Sie diese beherrschen, wird Sie schon niemand mehr für einen Anfänger halten. Hauptwörter auf **-o** sind männlich **(m)** und die auf **-a** weiblich **(f)**. Bei Ausnahmen und Hauptwörtern, die auf Konsonant enden, ist stets **m** oder **f** angegeben.

A

abbiegen girar
Abend tarde f
Abendbrot cena
aber pero
abfahren salir
Abfahrt salida
abheben despegar
abholen recoger
ablehnen rechazar
abreisen partir
abschleppen remolcar
Absender remitente m
Absicht intención f
Abteil(ung)
   departamento
Achtung atención f
Adresse dirección f
ähnlich parecido
alle todos
Allee avenida
allein solo
alles todo
allgemein general
als (zeitl.) cuando;
   (Vergl.) que
also pues
alt viejo, antiguo
Alter edad f
Ameise hormiga

Ampel semáforo
Amt oficina
Ananas piña
anbieten ofrecer
Andenken recuerdo
anderer otro
ändern cambiar
anders diferente;
   (Adv.) de otra manera
Anfang inicio
anfangen empezar,
   comenzar
Angebot oferta
angenehm agradable
Angestellter empleado
Angst miedo
anhaben (Kleidung)
   vestir
anhalten parar(se)
ankommen llegar
Ankunft llegada
annehmen aceptar
anprobieren probarse
Anruf llamada
anrufen llamar
   (por teléfono)
anschalten encender
anschauen mirar
Anschluss conexión f
anstatt en vez de
Antwort respuesta

antworten contestar
Anwalt abogado
Anzeige denuncia
anziehen ponerse
Anzug traje *m*
anzünden encender
Apfel manzana
Apotheke farmacia
Aprikose albaricoque *m*
Arbeit trabajo
arbeiten trabajar
Arbeiter obrero
arbeitslos parado
ärgern, sich enfadarse
arm pobre
Arm brazo
Ärmel manga
Art especie *f*;
   A. und Weise manera
Arzt médico
Aschenbecher cenicero
atmen respirar
Aubergine berenjena
auch también;
   a. nicht tampoco
aufhören dejar de,
   terminar
aufräumen arreglar
aufschreiben apuntar
aufstehen levantarse
aufwachen despertarse
Aufzug ascensor *m*
Auge ojo

Ausflug excursión, *f*
Ausgang salida
ausgeben gastar
ausgezeichnet excelente
ausländisch extranjero
ausruhen, sich
   descansar
ausschalten apagar
außen fuera
außerdem además
äußerlich exterior
aussprechen pronunciar
aussteigen bajar
Ausstellung exposición *f*
auswählen escoger
ausziehen (Kleidung)
   quitarse
Auto coche *m*
Autobahn autopista

B

Baby bebé *m*
Bach arroyo
Bäckerei panadería
Bademantel albornoz *m*
baden bañarse
Badezimmer baño
Bahnhof estación *f*
Bahnsteig andén *m*
bald pronto, en breve
Ball pelota
Banane plátano

Bank banco
Baum árbol *m*
Baumwolle algodón *m*
Bedingung condición *f*
befinden, sich
   encontrarse, estar
begrüßen saludar
Beispiel ejemplo;
   zum B. por ejemplo
bekannt conocido
bekommen recibir
bemerken darse cuenta
benachrichtigen avisar
benutzen usar, utilizar
Benzin gasolina
bequem cómodo
Berg montaña
Beruf profesión *f*
berühmt famoso
berühren tocar
beschweren, sich
   quejarse
besitzen poseer
besonderer especial
besser mejor
Besteck cubierto
besuchen visitar
betrunken borracho
Bett cama
bevor antes de
bevorzugen preferir
Bewohner habitante *m*
Biene abeja

Bier cerveza
Bild imagen *f*;
 (Gemälde) cuadro
billig barato
Birne pera
bitten pedir
bitter amargo
Blatt hoja
blau azul
bleiben quedarse
blind ciego
Bleistift lápiz *m*
blond rubio
Blume flor *f*
Boden suelo
Bohne judía, alubia
Botschaft embajada
braten (fritieren) freír
Braten asado
brauchen necesitar
braun marrón;
 (Haare, Haut) moreno
brechen romper, quebrar
breit ancho
Brief carta
Briefmarke sello
Brille gafas *Mz*
bringen traer, llevar
Brot pan *m*
Brücke puente *m*
Bruder hermano
Brunnen fuente *f*
Buch libro

Burg castillo
Bürgersteig acera
Büro oficina
Bürste cepillo
Bus autobús *m*
Butter mantequilla

C / D

Café bar *m*
Chef jefe *m*, patrón *m*
Computer ordenador *m*
da ahí
Dach techo
Dame señora
damit para que
danach después
danken agradecer
dann entonces, pues
dass que
dauern tardar, durar
Decke manta;
 (Tisch-) mantel *m*;
 (Zimmer-) techo
derselbe mismo
deutlich distinto
dick gordo
Dieb ladrón *m*
Dienst servicio
doppelt doble
Dorf pueblo
dort allí
Dose lata

drinnen dentro
Durst sed *f*
Dusche ducha

E

echt auténtico
Ei huevo
Eigentümer dueño
Eile prisa
Eimer cubo
Eindruck impresión *f*
einfach sencillo
Eingang entrada
einige algunos
einladen invitar, convidar
einsteigen subir
Eintritt entrada
Eintrittskarte billete *m*
einverstanden vale;
 de acuerdo
einzig único
Eis (Speise-) helado;
 (Wasser-) hielo
Eltern padres *m Mz*
empfehlen recomendar
Ende fin *m*
enden acabarse,
 terminar
endlich por fin, en fin
eng estrecho
Ente pato
entscheiden decidirse

entschuldigen
disculpar, perdonar
enttäuschen
desilusionar
entzückt encantado
Erbse guisante *m*
Erdbeere fresa
Erde tierra
Erfahrung experiencia
Erfolg éxito
Erfrischung refresco
erinnern, sich acordarse
erklären explicar
erlauben permitir
erzählen contar
Esel burro
essen comer
Essig vinagre *m*
Etage piso
etwas algo

F

Fahne bandera
fahren ir;
(selbst) conducir
Fahrkarte billete *m*
Fahrrad bicicleta
fallen caer(se)
Farbe color *m*
fast casi
fehlen faltar
fein fino

Feld campo
Fenster ventana
Fernsehen televisión *f*
Fernseher televisor *m*
Fett grasa
feucht húmedo
Feuer fuego
Fieber fiebre *f*
Film película;
(Film) rollo
finden encontrar
Finger dedo
Fisch pez *m*;
(als Speise) pescado
Flasche botella
Fleisch carne *f*
fliegen volar
Flug vuelo
Flughafen aeropuerto
Flugzeug avión *m*
Fluss río
folgen seguir
fortsetzen seguir,
continuar
Foto foto *f*
Frage pregunta
fragen preguntar
Frau mujer *f*
Fräulein señorita
frei libre
fremd extranjero
Freude alegría
freuen, sich alegrarse

Freund amigo
Freundin amiga
Friseursalon peluquería
frisch fresco
Frühling primavera
Frühstück desayuno
früh temprano
fühlen, (sich) sentir(se)
Führerschein
carné de conducir *m*
füllen llenar
funktionieren funcionar
Fuß pie *m*;
(zu F.) a pie
Fußball fútbol *m*
Fußgänger peatón *m*

G

Gabel tenedor *m*
ganz todo, entero
Garage garaje, *m*
Garten jardín, *m*
Gast huésped *m*
Gebäude edificio
geben dar;
es gibt hay
Gebirge sierra
geboren werden nacer
Geburtstag
cumpleaños *m*
gefährlich peligroso
Gefallen favor *m*

Wörterliste Deutsch – Spanisch

gefallen gustar
Gegend región f
gegenüber enfrente (de)
Geheimnis secreto
gehen ir;
  (zu Fuß) andar, caminar
gehören pertenecer
gelb amarillo
Geld dinero
Geldautomat cajero automático
Gelegenheit oportunidad f
Gemüse verdura, legumbres w Mz
genau exacto
genug bastante
genügend suficiente
Gepäck equipaje m
Gepäckaufbewahrung consigna
gerade (Linie) recto;
  (eben) ahora mismo;
  g. getan haben acabar de
geradeaus todo recto
gerne con mucho gusto
Geschäft tienda
Geschenk regalo
Geschirr vajilla
Geschmack gusto
Gesicht cara

gestern ayer;
  g. Abend anoche
gesund sano
Gesundheit salud f
Gewicht peso
gewinnen ganar
Gewitter tormenta
Gitarre guitarra
Glas (Material) vidrio;
  (Trink-) vaso;
  (Wein-) copa
glauben creer
gleich igual
Glück suerte f
glücklich feliz
Gold oro
Gott Dios m
Gramm gramo
gratulieren felicitar
grau gris
grausam cruel
groß grande
Größe tamaño
grün verde
Grund (Ursache) razón f
Gruppe grupo
Gruß saludo
gültig válido;
  g. sein valer
Gurke pepino
Gürtel cinturón m
gut bueno;
  (Adv.) bien

H

Haar cabello, pelo
haben tener
Hafen puerto
Hahn gallo;
  (Wasser-) grifo
halb medio
Hälfte mitad f
Haltestelle parada
Hand mano f
handeln (feilschen) regatear;
  (h. von) tratar (de)
Handtuch toalla
hart duro
hässlich feo
Hauptstadt capital f
Haus casa;
  zu Hause en casa
Haut piel f
heiß caliente
heißen llamarse
Heizung calefacción f
helfen ayudar
Hemd camisa
herausnehmen sacar
herausstellen: es stellt sich heraus resulta que
Herbst otoño
Herr señor m, caballero
Herz corazón m
herzlich afectuoso

heute hoy
hier aquí
hinaufgehen subir
hinausgehen salir
hineingehen entrar
hineinstecken meter
Hinfahrt ida
hinlegen, sich acostarse
hinter detrás de
Hitze calor *m*
hoch alto
Hochzeit boda
hoffentlich ojalá
Hoffnung esperanza
höflich cortés
Holz madera
Honig miel *f*
hören oír
Hose pantalón *m*
hübsch bonito, guapo
Huhn (Fleisch) pollo; **(Henne)** gallina
Hund perro
Hunger hambre *f* (el)
Hut sombrero

I

immer siempre
inbegriffen incluido
innerlich interior
Insel isla

insgesamt en total
Interview entrevista
irgendein algún, cualquier(a)
irgendwo en alguna parte
irren, sich equivocarse

J

Jacke chaqueta
Jahr año
Jahrhundert siglo
Jahreszeit estación *f*
jeder cada (uno)
jemand alguien
jetzt ahora
Jugend juventud *f*
jung joven
Junge chico; **(Kind)** niño

K

Kaffee café *m*
kalt frío
Kamm peine *m*
kämmen peinar
kämpfen luchar
kaputt roto, estropeado
Karte tarjeta; **(Land-)** mapa *m*
Kartoffel patata

Käse queso
Kasse caja; **(Tickets)** taquilla
Katze gato
kaufen comprar
kaum apenas
keiner ninguno
Kellner camarero
kennen conocer
Kerze vela
Kichererbse garbanzo
Kind niño, niña
Kino cine *m*
Kirche iglesia
Kirsche cereza
Kissen almohada
Kiste caja
klar claro
Kleid vestido
Kleidung ropa
klein pequeño
Kneipe taberna
Knie rodilla
Knoblauch ajo
Knochen hueso
Knopf botón *m*
kochen cocinar; **(sieden)** hervir
Koffer maleta
Kohl repollo
kommen venir, llegar
König rey *m*
können poder

Konsulat consulado
Konto cuenta
Kopf cabeza
Körper cuerpo
kosten costar, valer;
  (probieren) probar
Kotelett chuleta
krank enfermo, malo
Krankenhaus
  hospital *m*
Krankheit enfermedad *f*
Kreuz cruz *f*
Krug jarra
Küche cocina
Kuchen pastel *m*
Kugelschreiber
  bolígrafo
Kuh vaca
kühl fresco
Kühlschrank nevera
Kunst arte *m*
Kunsthandwerk
  artesanía
kurz corto;
  (zeitl.) breve
Kuss beso
küssen besar
Küste costa

L

lächeln sonreír
lachen reír

Laden tienda
Laken sábana
Lamm cordero
Lampe lámpara
Land país *m*
landen aterrizar
Landschaft paisaje *m*
Landwirtschaft
  agricultura
lang largo
lange mucho tiempo
langsam lento;
  (Adv.) despacio
langweilig aburrido
Lärm ruido
lassen dejar
laut alto
Lebensmittel
  comestibles *m Mz*
Leben vida
leben vivir
Leder piel *f*, cuero
ledig soltero
leer vacío
legen poner
lehren enseñar
Lehrgang curso
leicht fácil;
  (Gewicht) ligero
leider desgraciadamente
lernen aprender,
  estudiar
lesen leer

letzter último
Leute gente *f*
Licht luz *f*
Liebe amor *m*
lieben querer, amar
liebenswürdig amable
Lied canción *f*
links a la izquierda
Linse lenteja
Lippe labio
Liter litro
Löffel cuchara;
  (Tee-) cucharilla
Lösung solución *f*
Luft aire *m*
Lust ganas *Mz*

M

machen hacer
Mädchen chica
Mais maíz
Mal vez *f*
malen pintar
manchmal a veces
Mandel almendra
Mann hombre *f*;
  (Ehe-) marido
Mantel abrigo
Markt mercado
Marmelade mermelada
Maschine máquina
Matratze colchón *m*

Maut peaje *m*
Medikament remedio
Meer mar *m*
Meeresfrucht marisco
Mehl harina
mehr más;
  nicht m. ya no
Meinung opinión *f*
Melone (Honig-)
  melón *m*;
  (Wasser-) sandía
Mensch hombre *m*
Menü menú *m*
Messer cuchillo;
  (Taschen-) navaja
Metzgerei carnicería
mieten alquilar
Milch leche *f*
mindestens
  por lo menos
mischen mezclar
mitnehmen llevarse
Mittag mediodía *n*
Mittagessen almuerzo
Mittagsruhe siesta
Möbel muebles *m Mz*
möglich posible
Möhre zanahoria
Monat mes *m*
Mond luna
morgen, Morgen
  mañana
Motorrad moto *f*

müde cansado
Mühe pena
Müll basura
Mund boca
Münze moneda
Muschel mejillón *m*
Museum museo
müssen tener que,
  deber;
  man muss hay que
Mutter madre *f*
Mütze gorra

N

nach (zeitl.) después de;
  (Richtung) hacia
Nachbar vecino
Nachmittag tarde *f*
Nachricht noticia
nächster próximo,
  siguiente
Nachtisch postre *m*
Nacht noche *f*
nackt desnudo
Nadel aguja
Nagel clavo;
  (Finger-) uña
nahe cerca
nähen coser
Name nombre *m*;
  (Familien-) apellido
Nase nariz *f*

nass mojado
Nebel niebla
neben junto a,
  al lado de
nehmen tomar, coger
Netz red *f*
neu nuevo
neugierig curioso
nichts nada
niedrig bajo
niemand nadie
nie nunca, jamás
noch todavía, aún;
  n. mal otra vez
Norden norte *m*
notwendig necesario
nur sólo, solamente
Nuss nuez *f*

O

ob si
oben arriba, encima
Obst fruta
oder o
öffnen abrir
oft a menudo
Ohr oreja
Öl aceite *m*
Olive aceituna
Onkel tío
Orange naranja
Ostern Pascuas *Mz*

P

Paar (Liebes-) pareja
Paket paquete *m*
Panne avería
Papier papel *m*
Paprika pimiento;
   (Pulver) pimentón *m*
Park parque *m*
parken aparcar,
   estacionar
Parkplatz aparcamiento
Partei partido
Pass (Reise-)
   pasaporte *m*
passieren pasar, suceder
Petersilie perejil *m*
Pfanne sartén *f*
Pfeffer pimienta
Pferd caballo
Pfirsich melocotón *m*
Pflanze planta
Pflaume ciruela
Platte disco
Platz (Ort) sitio;
   (städtisch) plaza
plaudern charlar
plötzlich de repente
Polizei policía
Polizist guardia *m*
Post correo, Correos
Postkarte postal *f*
Preis precio

probieren probar
Prozent por ciento
Prüfung examen *m*
Pullover jersey *m*
Punkt punto
Puppe muñeca

Q / R

Qualität calidad *f*
Quelle fuente *f*
Quittung recibo
Rad rueda
Radio radio *f*
rasieren, sich afeitarse
Rauch humo
rauchen fumar
Rechnung cuenta
Recht razón *f*
rechts a la derecha
rechtzeitig a tiempo
Regierung gobierno
Regen lluvia
regnen llover
reichen bastar
reich rico
reif maduro
Reifen neumático
reinigen limpiar
Reis arroz *m*
Reise viaje *m*
reisen viajar
Rentner jubilado

reparieren reparar,
   arreglar
Restaurant
   restaurante *m*
Rezept receta
Richtung dirección *f*
Rock falda
roh crudo
rot rojo
Rückfahrt vuelta
Rucksack mochila
rufen llamar
ruhig tranquilo
rund redondo

S

Sache cosa
Saft zumo, jugo
sagen decir
Sahne nata
Salat ensalada;
   (Kopf-) lechuga
Salz sal *f*
salzig salado
Sand arena
sauber limpio
sauer agrio
schade lástima
Schaden daño
Schaf oveja
scharf (Speise) picante
Schatten sombra

Scheck cheque *m*
Scheibe rodaja;
  (Glas) cristal *m*
scheinen parecer
Scheinwerfer faro
schenken regalar
Schere tijera
schicken mandar, enviar
schießen tirar
Schiff barco, buque *m*
Schinken jamón *m*
Schirm (Regen-)
  paraguas *m*,
  (Sonnen-) sombrilla
Schlaf sueño
schlafen dormir
Schlafzimmer dormitorio
Schlag golpe *m*
Schlange serpiente *f*
schlecht mal
schlechter peor
schließen cerrar
Schloss castillo
Schlüssel llave *f*
schmal estrecho
schmecken gustar
Schmerz dolor *m*
schmerzen doler
Schmetterling mariposa
Schmuck joyas *Mz*
schmutzig sucio
Schnee nieve *f*
schneiden cortar

Schneider sastre *m*
schneien nevar
schnell rápido;
  (Adv.) de prisa
Schokolade chocolate *m*
schon ya
Schrank armario
schreiben escribir
schreien gritar
Schublade cajón *m*
Schuh zapato
Schuld culpa
Schule escuela, colegio
Schüler alumno
schwanger embarazada
Schwanz cola
schwarz negro
Schwein cerdo
schwer pesado, grave
Schwester hermana
schwierig difícil
Schwimmbad piscina
schwimmen nadar
See lago
sehen ver;
  mal s. a ver
sehr muy
Seife jabón *m*
Seite lado;
  (Buch) página
selbstverständlich
  desde luego
selten raro

Serviette servilleta
Sessel sillón *m*
setzen poner;
  sich s. sentarse
sicher seguro, cierto
Silber plata
singen cantar
Situation situación *f*
Sitzplatz asiento
so así, de esta manera,
  (mit Adj.) tan
Socke calcetín *m*
sofort en seguida,
  ahora mismo
Sohn hijo
solcher tal
Sommer verano
sondern sino
Sonne sol *m*
sonnig soleado
sorgen, sich
  preocuparse
Soße salsa
soviel tanto
sparen ahorrar
Spargel espárrago
Spaß broma
spät tarde
spätestens a más tardar
Spaziergang paseo
Speise comida
Spiegel espejo
Spiel juego

spielen jugar;
  (Instrument) tocar
Spielzeug juguete *m*
Spinat espinaca
Spinne araña
Sport deporte *m*
Sprache lengua,
  idioma *m*
sprechen hablar
Staat Estado
Stadt ciudad *f*
stark fuerte
Stecker enchufe *m*
stehlen robar
Stein piedra
stellen poner
Stelle puesto, lugar *m*
sterben morir
Stern estrella
Steuern impuestos *Mz*
Stewardess azafata
Stier toro
Stierkampf corrida
Stimme voz *f*
stören molestar
Strafe pena, castigo;
  (Geld-) multa
Strand playa
Straße (Stadt) calle *f*;
  (Land-) carretera
Strauß (Blumen) ramo
Streichholz cerilla
Streik huelga

Stroh paja
Stück pieza
Student estudiante *m*
studieren estudiar
Stuhl silla
stumm mudo
Stunde hora
suchen buscar
Süden sur *m*
Suppe sopa
süß dulce
System sistema *m*

T

Tablett bandeja
Tag día *m*
täglich diario
Tal valle *m*
Tankstelle gasolinera,
  estación de servicio *f*
Tante tía
Tanz baile *m*
tanzen bailar
Tasche bolso;
  (Hosen-) bolsillo
Taschentuch pañuelo
Tasse taza
taub sordo
Taube paloma
tauchen bucear
Tee té *m*
Teil parte *f*

teilen compartir
Telefon teléfono
Teller plato
Teppich alfombra
teuer caro
Theater teatro
tief profundo
Tier animal *m*
Tintenfisch calamar *m*
Tisch mesa
Toast tostada
Tochter hija
Tod muerte *f*
Toilette servicio, baño
toll estupendo
Tomate tomate *m*
Topf olla, cazuela
tot muerto
töten matar
tragen llevar
Traum sueño
traurig triste
treffen encontrarse con
Treppe escalera
trinkbar potable
trinken beber
Trinkgeld propina
trocken seco
Tropfen gota
Truthahn pavo
Tür puerta
Turm torre *f*
Tüte bolsa

typisch típico

U

überhaupt en absoluto
übermorgen
  pasado mañana
überqueren cruzar
Überraschung sorpresa
übersetzen traducir
überweisen transferir
überzeugen convencer
übrig: ü. sein quedar
Ufer orilla
Uhr reloj *m*
umarmen abrazar
umgekehrt al revés
Umwelt medio ambiente
und y
Unfall accidente *m*
ungefähr más o menos
unmöglich imposible
unten abajo
Unterschied diferencia
unterschreiben firmar
Unterschrift firma
Urlaub vacaciones *f Mz*

V

Vase florero
Vater padre *m*
verabreden, sich citarse

Verabredung cita
verabschieden, sich
  despedirse
verantwortlich
  responsable
verbessern mejorar
verbieten prohibir
verbinden unir
verdienen ganar
vergangen pasado
vergessen olvidar(se)
vergnügen, sich
  divertirse
verheiratet casado
Verkauf venta
verkaufen vender
Verkehr tráfico
verlängern prolongar
Verletzung herida
verlieren perder
Verlobte novia
Verlobter novio
verrückt loco
verschieden vario
Versicherung seguro
Verspätung retraso
versprechen prometer
verstehen entender,
  comprender
versuchen intentar
Vertrag contrato
Verwandter pariente *m*
viel mucho

vielleicht quizás, tal vez
Viertel cuarto
Vogel pájaro, ave *f*
Volk pueblo
voll lleno, completo
völlig totalmente
vor (örtl.) delante de;
  (zeitl.) antes de, hace
vorbeigehen pasar
vorbereiten preparar
vorher antes
vorläufig provisional
vorne delante
vorschlagen sugerir
Vorsicht cuidado,
  precaución *f*
vorstellen presentar
vorwärts adelante

W

wachsen crecer
Wagen coche *m*
wahr verdadero
während durante
Wahrheit verdad *f*
wahrscheinlich
  probable
Wald bosque *m*
Wand pared *f*
Wange mejilla
warm caliente
warten esperar

Waschbecken lavabo
waschen lavar
Wäscherei lavandería
Wasser agua (el)
wechseln cambiar
wecken despertar
Weg camino
weggehen irse, marcharse
wegnehmen quitar
weich blando, suave
Weihnachten Navidad *f*
weil porque
Wein vino
weinen llorar
Weintraube uva
weiß blanco
weit (weg) lejos
Welle ola
Welt mundo
wenig poco
weniger menos
wenn (falls) si
werden ponerse
werfen echar
Werkstatt taller *m*
Werkzeug herramienta
Westen oeste *m*
Wetter viento
wichtig importante
wie como
wieder de nuevo;
  w. tun volver a hacer

wiederholen repetir
Wind viento
Windel pañal *m*
Winter invierno
wissen saber
Witz chiste *m*
Woche semana
wohnen vivir
Wohnung piso
Wohnzimmer
  sala de estar
Wolke nube *f*
wolkenlos despejado
Wolle lana
wollen querer
Wort palabra
Wörterbuch diccionario
wunderbar maravilloso
Wunsch deseo
wünschen desear

Z

Zahl número
zahlen pagar
zählen contar
Zahn diente *m*
Zahnarzt dentista *m*
zärtlich cariñoso, tierno
Zeh dedo
Zeichen señal *f*
Zeichnung dibujo
zeigen enseñar, mostrar

Zeit tiempo
Zeitschrift revista
Zeitung periódico
Zelt tienda de campaña
Zentrum centro
Zettel ficha
Zeuge testigo
Ziege cabra
ziehen tirar
Ziel destino
ziemlich bastante
Zigarette cigarrillo
Zimmer cuarto;
  habitación *f*
Zimt canela
Zitrone limón *m*
Zoll aduana
zu (sehr) demasiado
Zucker azúcar *m*
Zufall casualidad *f*
zufrieden contento
Zug tren *m*
Zunge lengua
zurechtmachen, sich
  arreglarse
zurück atrás
zurückgeben devolver
zurückkommen volver
zusammen juntos
zusammenstoßen
  chocar
Zweifel duda
Zwiebel cebolla

Wörterliste Spanisch – Deutsch

A

abajo unten
abeja Biene
abogado Anwalt
abrazar umarmen
abrigo Mantel
abrir öffnen
absoluto: en a. überhaupt
aburrido langweilig
acabar: a. de gerade getan haben;
acabarse enden
accidente m Unfall
aceite m Öl
aceituna Olive
aceptar annehmen
acera Bürgersteig
acordarse sich erinnern
acuerdo: de a. einverstanden
adelante vorwärts
además außerdem
adónde wohin
aduana Zoll
aeropuerto Flughafen
afectuoso herzlich
afeitarse sich rasieren
agradable angenehm
agradecer danken

agricultura Landwirtschaft
agrio sauer
agua (el) Wasser
aguja Nadel
ahí da
ahora jetzt;
a. mismo sofort, eben
ahorrar sparen
aire m Luft
ajo Knoblauch
albaricoque m Aprikose
albornoz m Bademantel
alegrarse sich freuen
alegría Freude
alfombra Teppich
algo etwas
algodón m Baumwolle
alguien jemand
algún irgendein
algunos einiger
allí dort
almendra Mandel
almohada Kissen
almuerzo Mittagessen
alquilar mieten
alto hoch, laut
alubia Bohne
alumno Schüler
amable liebenswürdig
amar lieben

amargo bitter
amarillo gelb
amigo Freund
amiga Freundin
amor m Liebe
ancho breit
andar zu Fuß gehen
andén m Bahnsteig
animal m Tier
año Jahr
anoche gestern abend
antes vorher;
a. de vor (zeitl.), bevor
antiguo alt
apagar ausschalten
aparcamiento Parkplatz
aparcar parken
apellido Familienname
apenas kaum
aprender lernen
apuntar aufschreiben
aquí hier
araña Spinne
árbol m Baum
arena Sand
armario Schrank
arreglar aufräumen, reparieren;
arreglarse sich zurechtmachen
arriba oben

Wörterliste Spanisch – Deutsch

arroyo Bach
arroz *m* Reis
arte *m* Kunst
artesanía Kunsthandwerk
asado Braten
ascensor *m* Aufzug
así so
asiento Sitzplatz
atención *f* Achtung
aterrizar landen
atrás zurück
aún noch
auténtico echt
autobús *m* Bus
autopista Autobahn
ave *f* Vogel
avenida Allee
avería Panne
avión *m* Flugzeug
avisar benachrichtigen
ayer gestern
ayudar helfen
azafata Stewardess
azúcar *m* Zucker
azul blau

B

bailar tanzen
baile *m* Tanz
bajar aussteigen
bajo niedrig, unter

bañarse baden
bandeja Tablett
bandera Fahne
banco Bank
baño Badezimmer
barato billig
barco Schiff
bastante ziemlich, genug
bastar reichen
basura Müll
bebé *m* Baby
beber trinken
berenjena Aubergine
besar küssen
beso Kuss
bicicleta Fahrrad
bien gut (Adv.)
billete *m* Fahrkarte, Eintrittskarte
blanco weiß
blando weich
boca Mund
boda Hochzeit
bolígrafo Kugelschreiber
bolsa Tüte
bolsillo Hosentasche
bolso Tasche
bonito hübsch
borracho betrunken
bosque *m* Wald
botella Flasche
botón *m* Knopf
brazo Arm

breve kurz (zeitl.); **en b.** bald
broma Spaß
bucear tauchen
bueno gut
buque *m* Schiff
burro Esel
buscar suchen

C (CH)

caballero Herr
caballo Pferd
cabello Haar
cabeza Kopf
cabra Ziege
cada (uno) jeder
caer(se) fallen
café *m* Kaffee
caja Kiste, Kasse
cajero: c. automático Geldautomat
cajón *m* Schublade
calamar *m* Tintenfisch
calcetín *m* Socke
calefacción *f* Heizung
calidad *f* Qualität
caliente heiß, warm
calle *f* Straße
calor *m* Hitze
cama Bett
camarero Kellner

cambiar wechseln, ändern
caminar zu Fuß gehen
camino Weg
camisa Hemd
campo Feld
canela Zimt
canción *f* Lied
cansado müde
cantar singen
capital *f* Hauptstadt
cara Gesicht
carne *f* Fleisch
carnicería Metzgerei
carné: c. de conducir *m* Führerschein
caro teuer
carretera Landstraße
carta Brief
casa Haus
casado verheiratet
casi fast
castigo Strafe
castillo Burg, Schloss
casualidad *f* Zufall
cazuela Topf
cebolla Zwiebel
cena Abendbrot
cenicero Aschenbecher
centro Zentrum
cepillo Bürste
cerca nahe
cerdo Schwein

cereza Kirsche
cerilla Streichholz
cerrar schließen
cerveza Bier
chaqueta Jacke
charlar plaudern
cheque *m* Scheck
chica Mädchen
chico Junge
chiste *m* Witz
chocar zusammenstoßen
chocolate *m* Schokolade
chuleta Kotelett
ciego blind
cierto sicher
cigarrillo Zigarette
cine *m* Kino
cinturón *m* Gürtel
ciruela Pflaume
cita Verabredung
citarse sich verabreden
ciudad *f* Stadt
claro klar
clavo Nagel
cocina Küche
cocinar kochen
coche *m* Wagen, Auto
coger nehmen
colchón *m* Matratze
colegio Schule
cola Schwanz
color *m* Farbe

comenzar anfangen
comer essen
comestibles K Lebensmittel
comida Mahlzeit
como (so) wie
cómo wie (Frage)
cómodo bequem
compartir teilen
completo voll (Hotel)
comprar kaufen
comprender verstehen
con mit
condición *f* Bedingung
conducir (selbst) fahren
conexión *f* Anschluss
conocer kennen
conocido bekannt
consigna Gepäckaufbewahrung
consulado Konsulat
contar zählen, erzählen
contento zufrieden
contestar antworten
continuar fortsetzen
contrato Vertrag
convencer überzeugen
convidar einladen
copa (Wein-)Glas
corazón *m* Herz
cordero Lamm
correo, Correos Post
corrida Stierkampf

cortar schneiden
corto kurz
cosa Sache
coser nähen
costa Küste
costar kosten
crecer wachsen
creer glauben
cristal *m* Glasscheibe
crudo roh
cruel grausam
cruz *f* Kreuz
cruzar überqueren
cuadro Bild
cuál welcher
cualquier(a) irgendein
cuando als, wenn
cuándo wann
cuánto(s) wieviel(e)
cuarto Zimmer, Viertel
cubierto Besteck
cubo Eimer
cuchara Löffel
cucharilla Teelöffel
cuchillo Messer
cuenta Rechnung, Konto;
  darse c. bemerken
cuero Leder
cuerpo Körper
cuidado Vorsicht
culpa Schuld
cumpleaños *m*
  Geburtstag

curioso neugierig
curso Lehrgang

D

daño Schaden
dar geben
debajo: d. de unter
deber müssen
decidirse entscheiden
decir sagen
dedo Finger, Zeh
dejar lassen;
  d. de aufhören
delante vorne;
  d. de vor (örtl.)
demasiado zu (sehr)
dentista *m* Zahnarzt
dentro drinnen
denuncia Anzeige
departamento
  Abteil(ung)
deporte *m* Sport
derecha: a la d. rechts
desayuno Frühstück
descansar sich ausruhen
desde von ... her, seit
desear wünschen
deseo Wunsch
desgraciadamente
  leider
desilusionar
  enttäuschen

desnudo nackt
despacio langsam (Adv.)
despedirse
  sich verabschieden
despegar abheben
despejado wolkenlos
despertar wecken;
  despertarse
  aufwachen
después danach;
  d. de nach
destino Ziel
detrás: d. de hinter
devolver zurückgeben
día *m* Tag
diario täglich
dibujo Zeichnung
diccionario Wörterbuch
diente *m* Zahn
diferencia Unterschied
diferente anders
difícil schwierig
dinero Geld
Dios *m* Gott
dirección *f* Richtung,
  Adresse
disco Platte
disculpar entschuldigen
distinto deutlich
divertirse sich vergnügen
doble doppelt
doler schmerzen
dolor *m* Schmerz

dónde wo
dormir schlafen
dormitorio Schlafzimmer
ducha Dusche
duda Zweifel
dueño Eigentümer
dulce süß
durante während
durar dauern
duro hart

E

echar werfen
edad *f* Alter
edificio Gebäude
ejemplo Beispiel;
  por e. zum Beispiel
embajada Botschaft
embarazada schwanger
empezar anfangen
empleado Angestellter
encantado entzückt
encender anzünden,
  anschalten
encima oben
encontrar finden;
  encontrarse treffen,
  sich befinden
enchufe *m* Stecker
enfadarse sich ärgern
enfermedad *f* Krankheit
enfermo krank

enfrente gegenüber
ensalada Salat
enseñar zeigen, lehren
entender verstehen
entero ganz
entonces dann, damals
entrada Eingang,
  Eintritt
entrar hineingehen
entre zwischen
entrevista Interview
enviar schicken
equipaje *m* Gepäck
equivocarse sich irren
escalera Treppe
escoger auswählen
escribir schreiben
escuela Schule
espárrago Spargel
especial besonderer
especie *f* Art
espejo Spiegel
esperanza Hoffnung
esperar warten
espinaca Spinat
estación *f* Bahnhof,
  Jahreszeit;
  e. de servicio
  Tankstelle
estacionar parken
Estado Staat
estar sein, sich befinden
estrecho eng, schmal

estrella Stern
estropeado kaputt
estudiante *m* Student
estudiar lernen,
  studieren
estupendo toll
exacto genau
examen *m* Prüfung
excelente ausgezeichnet
excursión *f* Ausflug
éxito Erfolg
experiencia Erfahrung
explicar erklären
exposición *f* Ausstellung
exterior äußerlich
extranjero ausländisch,
  fremd

F

fácil leicht
falda Rock
faltar fehlen
famoso berühmt
farmacia Apotheke
faro Scheinwerfer
favor *m* Gefallen
felicitar gratulieren
feliz glücklich
feo hässlich
ficha Zettel
fiebre *f* Fieber

Wörterliste Spanisch – Deutsch

fin *m* Ende;
  en f., por f. endlich
fino fein
firma Unterschrift
firmar unterschreiben
flor *f* Blume
foto *f* Foto
freír braten
fresa Erdbeere
fresco frisch, kühl
frío kalt
fruta Obst
fuego Feuer
fuente *f* Quelle, Brunnen
fuera außen
fuerte stark
fumar rauchen
funcionar funktionieren
fútbol *m* Fußball

G

gafas *Mz* Brille
gallina Huhn, Henne
gallo Hahn
ganar gewinnen, verdienen
ganas *Mz* Lust
garaje *m* Garage
garbanzo Kichererbse
gasolina Benzin
gastar ausgeben
gato Katze

general allgemein
gente *f* Leute
girar abbiegen
gobierno Regierung
golpe *m* Schlag
gordo dick
gorra Mütze
gota Tropfen
gramo Gramm
grande groß
grasa Fett
grave schwer, ernst
grifo Wasserhahn
gris grau
gritar schreien
grupo Gruppe
guapo hübsch
guardia *m* Polizist
guisante *m* Erbse
guitarra Gitarre
gustar gefallen, schmecken
gusto Geschmack;
  con mucho g. gerne

H

haber haben
habitación *f* Zimmer
habitante *m* Bewohner
hablar sprechen
hacer machen;
  hace vor (zeitl.)

hacia nach (Richtung)
hambre *f* (el) Hunger
harina Mehl
hasta bis
hay es gibt;
  h. que man muss
helado Speiseeis
herida Verletzung
hermana Schwester
hermano Bruder
herramienta Werkzeug
hervir kochen, sieden
hielo Eis
hija Tochter
hijo Sohn
hoja Blatt
hombre *m* Mann, Mensch
hora Stunde
hormiga Ameise
hospital *m* Krankenhaus
hoy heute
huelga Streik
hueso Knochen
huésped *m* Gast
huevo Ei
húmedo feucht
humo Rauch

I

ida Hinfahrt
idioma *m* Sprache

iglesia Kirche
igual gleich
imagen *f* Bild
importante wichtig
importar wichtig sein
imposible unmöglich
impresión *f* Eindruck
impuestos *Mz* Steuern
incluido inbegriffen
inicio Anfang
intención *f* Absicht
intentar versuchen
interior innerlich
invierno Winter
invitar einladen
ir gehen, fahren;
  irse weggehen
isla Insel
izquierda: a la i. links

J

jabón *m* Seife
jamás nie, jemals
jamón *m* Schinken
jardín *m* Garten
jarra Krug
jefe *m* Chef
jersey *m* Pullover
joven jung
joyas *Mz* Schmuck
jubilado Rentner
judía Bohne

juego Spiel
jugar spielen
jugo Saft
juguete *m* Spielzeug
junto: j. a neben;
  juntos zusammen
juventud *f* Jugend

L (LL)

labio Lippe
lado Seite;
  al l. de neben
ladrón *m* Dieb
lago See
lámpara Lampe
lana Wolle
lápiz *m* Bleistift
largo lang
lástima schade
lata Dose
lavabo Waschbecken
lavandería Wäscherei
lavar waschen
leche *f* Milch
lechuga Kopfsalat
leer lesen
legumbres *f Mz*
  Gemüse
lejos weit (weg)
lengua Sprache, Zunge
lenteja Linse
lento langsam

levantarse aufstehen
libre frei
libro Buch
ligero leicht
limón *m* Zitrone
limpiar reinigen
limpio sauber
litro Liter
llamada Anruf
llamar rufen, anrufen;
  llamarse heißen
llave *f* Schlüssel
llegada Ankunft
llegar (an)kommen
llenar (aus)füllen
lleno voll
llevar tragen, bringen;
  llevarse mitnehmen
llorar weinen
llover regnen
lluvia Regen
loco verrückt
luchar kämpfen
luego dann;
  desde l.
  selbstverständlich
lugar *m* Ort, Stelle
luna Mond
luz *f* Licht

M

madera Holz

madre *f* Mutter
maduro reif
maíz *m* Mais
mal schlecht
maleta Koffer
malo krank
mañana morgen, Morgen;
  pasado m. übermorgen
mandar schicken
manera Art und Weise;
  de otra m. anders
manga Ärmel
mano *f* Hand
manta Decke
mantel *m* Tischdecke
mantequilla Butter
manzana Apfel
mapa *m* Landkarte
máquina Maschine
mar *m* Meer
maravilloso wunderbar
marcharse weggehen
marido Ehemann
mariposa Schmetterling
marisco Meeresfrucht
marrón braun
más mehr;
  m. o menos ungefähr
matar töten
médico Arzt
medio halb;
  m. ambiente *m* Umwelt

mediodía *m* Mittag
mejilla Wange
mejillón *m* Miesmuschel
mejor besser
mejorar verbessern
melocotón *m* Pfirsich
melón *m* Honigmelone
menos weniger;
  por lo m. mindestens
menú *m* Menü
menudo: a m. oft
mercado Markt
mermelada Marmelade
mes *m* Monat
mesa Tisch
meter hineinstecken
mezclar mischen
miedo Angst
miel *f* Honig
mirar anschauen
mismo (der)selbe
mitad *f* Hälfte
mochila Rucksack
mojado nass
molestar stören
moneda Münze
montaña Berg
moreno braun (Haare, Haut)
morir sterben
mostrar zeigen
moto *f* Motorrad
mucho viel

mudo stumm
muebles *m Mz* Möbel
muerte *f* Tod
muerto tot
mujer *f* Frau
multa Geldstrafe
mundo Welt
muñeca Puppe
museo Museum
muy sehr

N

nada nichts
nadar schwimmen
nadie niemand
naranja Orange
nariz *f* Nase
nata Sahne
navaja Taschenmesser
Navidad *f* Weihnachten
necesario notwendig
necesitar brauchen
negocio Geschäft
negro schwarz
neumático Reifen
nevar schneien
nevera Kühlschrank
niebla Nebel
nieve *f* Schnee
niña Mädchen, Kind
ninguno keiner
niño Junge, Kind

no nein; nicht
noche *f* Nacht
nombre *m* Name
norte *m* Norden
noticia Nachricht
novia Verlobte, Freundin
novio Verlobter, Freund
nube *f* Wolke
nuevo neu;
  de n. wieder
nuez *f* Nuss
número Zahl
nunca nie

O

o oder
obrero Arbeiter
oeste *m* Westen
oferta Angebot
oficina Büro, Amt
ofrecer anbieten
oír hören
ojo Auge
ola Welle
olla Topf
olvidar(se) vergessen
opinión *f* Meinung
oportunidad *f*
  Gelegenheit
ordenador *m* Computer
oreja Ohr
orilla Ufer

oro Gold
otoño Herbst
otro andere
oveja Schaf

P

padre *m* Vater;
  padres *m Mz* Eltern
pagar (be)zahlen
página Seite (Buch)
país *m* Land
paisaje *m* Landschaft
paja Stroh
pájaro Vogel
palabra Wort
paloma Taube
pan *m* Brot
panadería Bäckerei
pañal *m* Windel
pantalón *m* Hose
pañuelo Taschentuch
papel *m* Papier
paquete *m* Paket
para für;
  p. que damit
parada Haltestelle
parado arbeitslos
paraguas *m*
  Regenschirm
parar(se) anhalten
parecer scheinen
parecido ähnlich

pared *f* Wand
pareja (Liebes-)Paar
pariente *m* Verwandter
parque *m* Park
parte *f* Teil;
  en alguna p. irgendwo
partido Partei
partir abreisen
pasado vergangen
pasaporte *m* Reisepass
pasar vorbeigehen,
  passieren
Pascuas Ostern
paseo Spaziergang
pastel *m* Kuchen
patata Kartoffel
pato Ente
patrón *m* Chef
pavo Truthahn
peaje *m* Maut
peatón *m* Fußgänger
pedazo Stück
pedir bitten
peinar kämmen
peine *m* Kamm
película Film
peligroso gefährlich
pelo Haar
pelota Ball
peluquería Friseursalon
pena Strafe, Mühe
peor schlechter
pepino Gurke

Wörterliste Spanisch – Deutsch

pequeño klein
pera Birne
perder verlieren
perdonar entschuldigen
perejil *m* Petersilie
periódico Zeitung
permitir erlauben
pero aber
perro Hund
pertenecer gehören
pesado schwer
pescado Fisch (Speise)
peso Gewicht
pez *m* Fisch
picante scharf (Speise)
pie *m* Fuß;
  a p. zu Fuß
piedra Stein
piel *f* Haut, Leder
pieza Teil
pimentón *m*
  Paprikapulver
pimienta Pfeffer
pimiento Paprika
piña Ananas
pintar malen
piscina Schwimmbad
piso Wohnung, Etage
planta Pflanze
plata Silber
plátano Banane
plato Teller
playa Strand

plaza Platz (städtisch)
pobre arm
poco wenig
poder können
policía Polizei
pollo Huhn, Hähnchen
poner setzen, stellen,
  legen;
  ponerse werden,
  anziehen
por durch, für
porque weil
poseer besitzen
posible möglich
postal *f* Postkarte
postre *m* Nachtisch
potable trinkbar
precaución *f* Vorsicht
precio Preis
preferir vorziehen
pregunta Frage
preguntar fragen
preocuparse
  sich sorgen
preparar vorbereiten
presentar vorstellen
primavera Frühling
prisa Eile;
  de p. schnell (Adv.)
probable wahrscheinlich
probar(se) (an)probieren
profesión *f* Beruf
profundo tief

prohibir verbieten
prolongar verlängern
prometer versprechen
pronto bald
pronunciar aussprechen
propina Trinkgeld
provisional vorläufig
próximo nächster
pueblo Dorf, Volk
puente, *m* Brücke
puerta Tür
puerto Hafen
pues also, dann
puesto Stelle
punto Punkt

Q

que dass, als (Vergl.)
qué was;
  por q. warum
quebrar (zer)brechen
quedar übrigsein;
  quedarse bleiben
quejarse
  sich beschweren
querer wollen, lieben
querido lieb
queso Käse
quién wer
quitar wegnehmen;
  quitarse ausziehen
quizás vielleicht

R

radio *f* Radio
ramo Strauß (Blumen)
rápido schnell
raro selten
razón *f* Grund, Vernunft
receta Rezept
rechazar ablehnen
recibir bekommen
recibo Quittung
recoger abholen
recomendar empfehlen
recto gerade(aus)
recuerdo Andenken
red *f* Netz
redondo rund
refresco Erfrischung
regalar schenken
regalo Geschenk
regatear feilschen
región *f* Gegend
reír lachen
reloj *m* Uhr
remedio Medikament
remitente *m* Absender
remolcar abschleppen
reparar reparieren
repente: de r. plötzlich
repetir wiederholen
repollo Kohl
respirar atmen

responsable verantwortlich
respuesta Antwort
restaurante *m* Restaurant
resultar: resulta que es stellt sich heraus
retraso Verspätung
revés: al r. umgekehrt
revista Zeitschrift
rey *m* König
rico reich
río Fluss
robar stehlen
rodaja Scheibe
rodilla Knie
rojo rot
rollo Film (Foto)
romper brechen
ropa Kleidung
roto kaputt
rubio blond
rueda Rad
ruido Lärm

S

sábana Laken
saber wissen
sacar herausnehmen
sal *f* Salz
sala: s. de estar Wohnzimmer

salado salzig
salida Ausgang, Abfahrt
salir hinausgehen, abfahren
salsa Soße
salud *f* Gesundheit
saludar begrüßen
saludo Gruß
sandía Wassermelone
sano gesund
sartén *f* Pfanne
sastre *m* Schneider
seco trocken
secreto Geheimnis
sed *f* Durst
seguida: en s. sofort
seguir folgen, fortsetzen
seguro sicher, Versicherung
sello Briefmarke
semáforo Ampel
semana Woche
señal *f* Zeichen
sencillo einfach
señor *m* Herr
señora Dame
señorita Fräulein
sentarse sich setzen
sentir(se) (sich) fühlen
ser sein
serpiente *f* Schlange
servicio Dienst, Toilette
servilleta Serviette

si wenn (falls), ob
sí ja
siempre immer
sierra Gebirge
siesta Mittagsruhe
siglo Jahrhundert
siguiente nächster
silla Stuhl
sillón *m* Sessel
sin ohne
sino sondern
sistema *m* System
sitio Platz
situación *f* Situation
sobre auf
sol *m* Sonne
solamente nur
soleado sonnig
solo allein
sólo nur
soltero ledig
solución *f* Lösung
sombra Schatten
sombrero Hut
sombrilla Sonnenschirm
sonreír lächeln
sopa Suppe
sordo taub
sorpresa Überraschung
suave weich, mild
subir hinaufgehen, einsteigen
suceder passieren

sucio schmutzig
suelo Boden
sueño Schlaf, Traum
suerte *f* Glück
suficiente genügend
sugerir vorschlagen
sur *m* Süden

T

taberna Kneipe
tal solcher
taller *m* Werkstatt
tamaño Größe
también auch
tampoco auch nicht
tan so (mit Adj.)
tanto soviel
taquilla Kasse (Tickets)
tardar dauern;
  a más t. spätestens
tarde spät
tarde *f* Nachmittag, (früher) Abend
tarjeta Karte
taza Tasse
té *m* Tee
teatro Theater
techo Dach, Decke
teléfono Telefon
televisión *f* Fernsehen
televisor *m* Fernseher
temprano früh

tenedor *m* Gabel
tener haben;
  t. que müssen
terminar aufhören
testigo Zeuge
tía Tante
tiempo Zeit, Wetter;
  a t. rechtzeitig;
  mucho t. lange
tienda Laden;
  t. de campaña Zelt
tierno zärtlich
tierra Erde
tijera Schere
tío Onkel
típico typisch
tirar ziehen, schießen
toalla Handtuch
tocar berühren, spielen (Instrument)
todavía noch
todo ganz, alles;
  todos alle
tomar nehmen
tomate *m* Tomate
tormenta Gewitter
toro Stier
torre *f* Turm
tostada Toast
total: en t. insgesamt
totalmente völlig
trabajar arbeiten
trabajo Arbeit

traducir übersetzen
traer bringen
tráfico Verkehr
traje *m* Anzug
tranquilo ruhig
transferir überweisen
tratar (de) handeln (von)
través: a t. de (quer)
  durch
tren *m* Zug
triste traurig

U

último letzter
uña Fingernagel
único einziger
unir verbinden
usar, utilizar benutzen
uva Weintraube

V

vaca Kuh
vacaciones *f Mz* Ferien,
  Urlaub
vacío leer
vajilla Geschirr
valer gültig sein, kosten;
  vale einverstanden
válido gültig
valle *m* Tal

vario verschieden
vaso (Trink-)Glas
vecino Nachbar
vela Kerze
vender verkaufen
venir kommen
venta Verkauf
ventana Fenster
ver sehen;
  a v. mal sehen
verano Sommer
verdad *f* Wahrheit
verdadero wahr
verde grün
verdura Gemüse
vestido Kleid
vestir anhaben (Kleidg.)
vez *f* Mal;
  en v. de anstatt;
  otra v. noch einmal;
  tal v. vielleicht
  a veces manchmal
viajar reisen
viaje *m* Reise
vida Leben
vidrio Glas (Material)
viejo alt
viento Wind
vinagre *m* Essig
vino Wein
visitar besuchen
vivir leben, wohnen

volar fliegen
volver zurückkommen;
  v. a hacer wieder tun
voz *f* Stimme
vuelo Flug
vuelta Rückfahrt

Y / Z

y und
ya schon;
  y. no nicht mehr
zanahoria Möhre
zapato Schuh
zumo Saft

Der Autor

Dr. med. O'Niel V. Som, geboren 1966 in Essen, lebt heute in Stuttgart und arbeitet als Arzt in einem Krankenhaus. Spanisch lernte er schon als Kind von seinen Eltern und auf unzähligen Urlaubsreisen. Im Abitur war Spanisch neben Mathe der zweite Leistungskurs. Als er dieses Buch schrieb, studierte er Medizin und gab nebenbei Sprachkurse.

„In fast allen herkömmlichen Lehrbüchern ist zu viel Grammatik enthalten, die man in der Umgangssprache nicht benötigt, und die mündliche Konversation kommt viel zu kurz.

Man lernt eine Sprache am besten im Lande und mit Freunden zusammen. Dieses Buch können Sie als Anleitung für die ersten Gespräche benutzen. Sollten Sie Fragen oder Verbesserungsvorschläge haben, schreiben Sie mir bitte an die Verlagsadresse.“